Dieser Band erscheint mit freundlicher Unterstützung
der Ostdeutschen Sparkassenstiftung
im Freistaat Sachsen gemeinsam mit
der Stadtsparkasse Dresden

Eva Papke

Brühlsche Terrasse in Dresden

Sachsens schönste Schlösser, Burgen und Gärten

Edition Leipzig

Frontispiz: Brühlsche Terrasse im Winter, Blick zur Katholischen Hofkirche

Aufnahmen auf der Brühlschen Terrasse: Frank Höhler, Dresden

Bibliografische Information Der Deutschen Bibliothek
Die Deutsche Bibliothek verzeichnet diese Publikation in der Deutschen Nationalbibliografie: detaillierte bibliografische Daten sind im Internet über http.//dnb.ddb.de abrufbar.

ISBN 3-361-00542-6

Edition Leipzig ist ein Unternehmen der Verlagsgruppe Dornier.
www.dornier-verlage.de
2. Auflage 2003

Reproduktionen: Förster & Borries, Zwickau
Druck: Westermann Druck, Zwickau
Printed in Germany
Gedruckt auf alterungsbeständigem Papier
mit chlorfrei gebleichtem Zellstoff.

Die Schreibweise folgt den Regeln der neuen Rechtschreibung.

Inhaltsverzeichnis

Einführung

»Der Brühlsche Garten ist seit seiner Umschaffung einer der reizendsten Lustörter der Stadt geworden. Überall öffnen sich hier anmuthige Aussichten auf die Ufer der Elbe und in die zauberischen Fernen, welche den Hintergrund des Thales schließen …«, schrieb Martin Bernhard Lindau in seiner »Geschichte der Königlichen Haupt- und Residenzstadt Dresden. Von den ältesten Zeiten bis zur Gegenwart« 1885.

Der »Brühlsche Garten« oder die »Brühlsche Terrasse«, der »Balkon Europas«, der von der Stadtbevölkerung

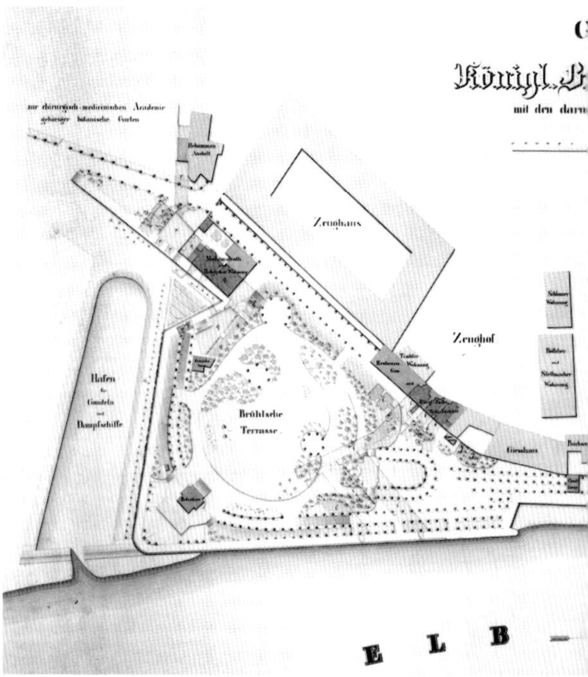

seit seiner Entstehung in der Mitte des 18. Jahrhunderts ein halbes Jahrhundert lang nur von weitem bewundert werden konnte, hat seinen Namen von den Gartenanlagen des Grafen Brühl auf dem Elbwall und der Jungfernbastion erhalten. Es gab im 18. Jahrhundert eine Reihe prachtvoller Gärten auch in anderen Gegenden der Stadt, doch bis auf den kurfürstlichen »Großen Garten« im Südosten und den »Herzogin Garten« im Westen vor der Stadt mussten sie alle der wachsenden Großstadt weichen. Die gärtnerischen Anlagen mitsamt der in sie eingebetteten heiteren, festlichen Architektur auf dem alten Festungswall überdauerten jedoch durch ihre exponierte Lage die Jahrhunderte.

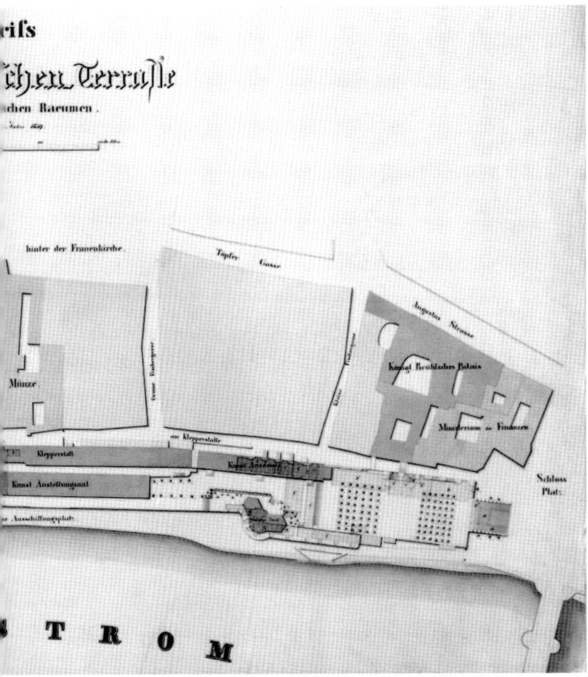

Grundriss der Königlich Brühlschen Terrasse. Aquarellierte Tuschzeichnung von Moritz Pressler, um 1839

Geschichte der Festungsanlagen – Bebauung und Nutzung

Das alte bürgerliche Zentrum Dresdens befand sich auf hochwasserfreiem Gelände ein sicheres Stück entfernt vom Fluss, dort, wo auch heute noch der Marktplatz liegt. Hier stand das Rathaus, hier wurde Recht gesprochen, hier fanden Handel und Wandel und bürgerliche Veranstaltungen statt. Der Landesherr lebte, wenn er in der Stadt weilte, nördlich vom Marktzentrum, näher am Flussübergang, ebenfalls auf hochwasserfreiem Gelände am Taschenberg. Lange vor dem Schloss stand hier eine Burg, an deren Fuß Herrenhöfe lagen. Grabungen belegen die ältesten Siedlungsspuren auf dieser sicheren Anhöhe. Im 13. Jahrhundert war das gesamte Stadtgebiet mit einer Mauer umgeben, deren Schutzfunktion im 15. Jahrhundert wegen der Hussitenkriege noch durch eine vorgelegte niedrigere Zwingermauer verstärkt wurde.

Dresdens alte Befestigungsanlagen

Östlich der wahrscheinlich im 12. Jahrhundert gegründeten Stadt lag, ebenso wie am gegenüberliegenden rechten Elbufer, noch eine Siedlung mit dem Namen »Dresden«. Nach der Ummauerung der Gründungsstadt wurden die beiden anderen Siedlungen »Altendresden« genannt.

Das östlich vor der Stadt gelegene Altendresden blieb ungeschützt, ohne Stadtmauern, trotzdem standen hier zwei wichtige Bauten: eine der Jungfrau Maria geweihte, sehr alte kleine Kirche und dicht daneben das Materni-Spital, beide von stabilen Grundstücksmauern umgeben und am Ufer wohl durch einen starken Turm gesichert. Hier zu wohnen, war allerdings weniger reizvoll. Von der

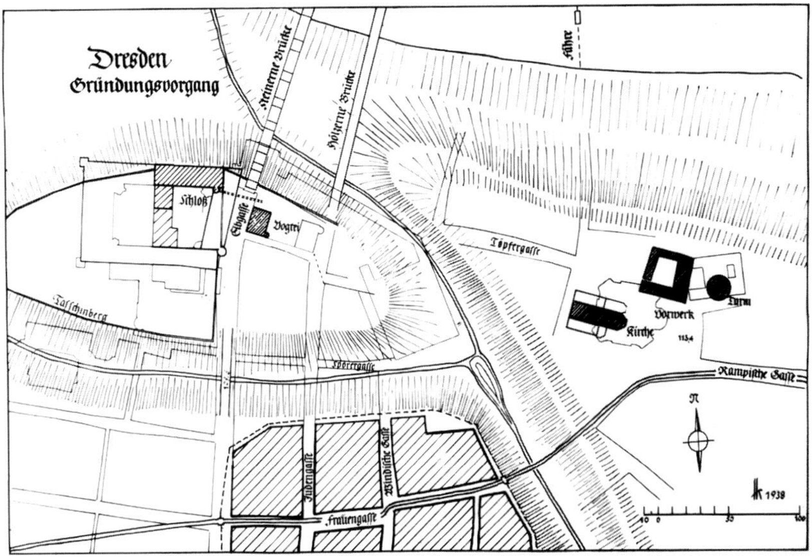

Plan der mittelalterlichen Stadtgründung. Rekonstruktion von Heinrich Koch

Elbe drohten Überschwemmungen, und das flache Ufergelände war feucht.

Dicht vor der östlichen Stadtmauer lag der Frauentorsee, vom Süden schlängelte sich der Wilde Kaitzbach in die Elbe. Noch ein beträchtliches Stück vom Ufer entfernt dehnte sich ein breites Sumpfgebiet aus. In diesem Bereich lebten Fischer, Schiffer, Töpfer, Steinmetze, vorstädtische Berufsgruppen, aber auch die Damen vom leichten Gewerbe. Ihre Häuser waren kleiner und bescheidener als die Wohngebäude innerhalb der Stadtmauern. Im Kriegsfall flohen die Vorstädter hinter die schützenden Mauern, denn die Vorstadte wurden zuerst vernichtet.

Die Situation änderte sich unter Herzog Georg (1471/1500–1539). Die von Reformation und Bauernkrieg geprägten unruhigen Zeitläufte, dazu die schnelle Entwicklung der Artillerie im Belagerungs- und Verteidigungskrieg, bewogen den Herzog wohl, die mittelalterliche

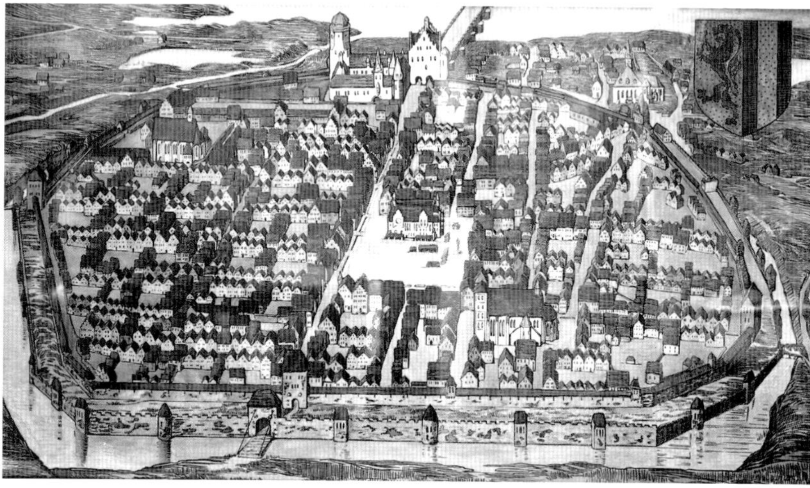

Stadtansicht Dresden vor 1519 mit der unbefestigten Siedlung um die Frauenkirche. Stadtmuseum Dresden

Stadtbefestigung seiner Residenz zu modernisieren. Das bedeutete im frühen 16. Jahrhundert ein Abtragen der hohen mittelalterlichen Befestigungsbauten, um der Belagerungsartillerie möglichst wenig Ziele zu bieten. Gleichzeitig mussten die Mauern durch Erdanschüttungen verbreitert werden, damit eigene Geschütze aufgestellt werden konnten. Herzog Georg ließ diese Maßnahmen, die Remparierung, zwischen 1519 und 1529 in Dresden durchführen. Im Zuge dieser Modernisierung wurde auch die vorstädtische Siedlung um die Frauenkirche mit einem Rempart, einem steinverkleideten Erdwall, versehen. Zum Schutz der Stadttore sowie an strategisch wichtigen Stellen wurden »Basteien« genannte Verteidigungswerke errichtet, die ebenfalls zum Aufstellen von Geschützen dienten. Außen vor den Wall wurde als Annäherungshindernis für eventuelle Angreifer noch ein Wassergraben gelegt.

Das neu zur Stadt gekommene Gebiet um die Frauenkirche erhielt zwei Tore ins Vorgelände: vor das alte, jetzt innerstädtische Frauentor wurde ein äußeres oder Rampisches Tor gelegt, und ganz im Nordosten am Elbufer baute man ein völlig neues Tor. Es wurde - nach der dort ansässigen Berufsgruppe - Schiffer- oder auch Ziegeltor genannt, weil hier entlang der Weg auf die Ziegelwiese mit der Ratsziegelscheune führte. Damit ist in städtebaulichem Zusammenhang zum ersten Mal das Gebiet erwähnt, das später den Namen Brühls tragen sollte.

Die älteste erhaltene Darstellung dieser Rempartanlage ist rund 150 Jahre nach ihrer Errichtung entstanden und zeigt am morastigen Elbufer keinen Wall, sondern einen vermutlich mit Türmen gesicherten, in Mauern gefassten Wassergraben. - An der Elbbrücke ließ Herzog Georg 1534/35 ein neues, prächtig verziertes und nach ihm benanntes Schloss- und Torgebäude errichten. Dieser in späteren Jahrhunderten mehrfach umgestaltete schöne Renaissancebau lässt noch heute erkennen, wie tief die alte Elbbrücke in die Stadt hineinreichte oder anders gesagt, wie breit der Sicherheitsgürtel gegen Hochwasser und Artillerie um die Stadt einmal war. Fünf Pfeiler und fünf

Grundriss der Stadt Dresden nach 1529, aus der Weckschen Chronik, Nürnberg 1680

Bögen der Elbbrücke wurden für diesen Bau zugeschüttet. Der nach Westen zur Kathedrale gelegene Teil des Georgentors zeigt noch Originalteile aus dem beginnenden 16. Jahrhundert.

Bis zum Bau des Remparts hatte die Bürgergemeinde im eigenen Interesse den Bau und die Verteidigung der Stadtbefestigung betrieben. Bei Um- und Erweiterungsbauten unterstützten die Landesherren die Stadt finanziell häufig durch Überlassung der Bede (Steuer) für den Bau, denn die Maßnahmen kamen ihnen schließlich auch zugute, lag ihr Sitz doch innerhalb der Stadtmauern. Unter Herzog Georg scheint die Situation umgekehrt gewesen zu sein. Offensichtlich ging die Initiative zur Modernisierung des Befestigungsgürtels vom Herzog aus. Die Gemeinde beteiligte sich an den Kosten, indem sie Tagelohn für Wallarbeiter, Maurer, Zimmerleute und Steinmetze zahlte. 1525, auf dem Höhepunkt des Bauernkrieges, waren die Ausgaben am höchsten.

Innerhalb des städtischen Weichbildes, also auch außerhalb der Befestigungsanlagen, galt nach wie vor städtisches Recht. 1532 wurde im Stadtbuch ausdrücklich darauf hingewiesen, dass am Elbufer nichts ohne Erlaubnis des Rates auszulegen ist, hier betraf es Steine, die herangeschifft worden waren. 1548 wurde wiederum erwähnt, dass die Ratsgerichtsbarkeit am Elbufer bis ans Wasser gilt.

1533 erhielt der in die Befestigung einbezogene Bereich um die Frauenkirche auch offiziell das Stadtrecht. Der Name »Altendresden« beschränkte sich künftig auf die rechtselbische Siedlung.

Die in vorstädtisches Gebiet hinausgeschobene Stadtbefestigung brachte für das feuergefährliche Handwerk der Töpfer Einschränkungen. Sie hatten bis dahin vor der Stadt am Elbufer gearbeitet. Jetzt konnten sie zwar an ihren Arbeitsstätten bleiben, durften aber nur noch bis zum Schließen der Stadttore brennen, weil innerhalb der Mauern strengere Sicherheitsvorschriften galten.

1528 wurde eine Salzscheune an der Elbe erwähnt. Vermutlich lag sie nahe der Frauenkirche in dem neu einbezogenen Viertel. Salz war zu kostbar, als dass man es ungeschützt gelagert hätte. In Dresden wurde es zum großen Teil als Seesalz elbaufwärts transportiert und unmittelbar am Ufer, am so genannten Salzausfall, abgeladen. Im Mauerwerk des rund 20 Jahre später errichteten Elbwalls lässt sich noch heute anhand eines Gewölbebogens der Zugang zum Salzausfall erkennen. Im Jahre 1538, als König Ferdinand Dresden mit dem Schiff besuchte, schossen zu seiner Begrüßung vor dem Blockhaus am Georgentor zwölf große Büchsen je viermal, eine nach der anderen, ebenso 20 halbe und ganze Schlangen vom Wall und 100 Hakenbüchsen »von den Zinnen am Salzhause«, so beschrieb Gustav Klemm den königlichen Empfang und gab damit gleichzeitig annähernd die Lage der Salzscheune an.

Herzog Georg der Bärtige. Gemälde (Ausschnitt) von Heinrich Göding, um 1590. Rüstkammer, Dresden

Die mit beträchtlichem Aufwand errichtete Neubefestigung Dresdens unter Herzog Georg bestand nur kurze Zeit, rund 20 Jahre. Deshalb ist wohl auch keine zeitgenössische Darstellung der Werke erhalten. Der Herzog starb 1539. Schon vor ihm waren seine Söhne und seine Frau, Barbara von Polen, gestorben. (Nach ihrem Tod soll er sich aus Kummer den Bart nicht mehr haben scheren lassen, was ihm den Beinamen »der Bärtige« eintrug.) Die persönlichen Schicksalsschläge sowie das absehbare Scheitern seiner Regierungspolitik – die Anhänger der von ihm bekämpften Lehre Luthers setzten sich selbst in der herzoglichen Verwandtschaft durch – veranlassten ihn wohl, einer ohnehin verbreiteten Idee folgend an seinem schönen neuen Schlosstor die Darstellung der Vergänglichkeit alles Irdischen, einen Totentanz, anbringen zu lassen. Der Herzog selbst schreitet in diesem vom Tod angeführten Reigen mit. (Bei späteren Umbauten wurde der Totentanz entfernt. Das Original befindet sich in der Dreikönigskirche in der Dresdner Neustadt.)

Für zwei Jahre regierte nach Georgs Tod sein Bruder Heinrich, der den Beinamen »der Fromme« erhielt, weil er die Reformation im Herzogtum einführte. 1541 folgte ihm sein gerade 20 Jahre alter Sohn Moritz auf dem Thron nach.

Festungsbau unter Moritz von Sachsen 1545 bis 1555

Moritz (1521–1553) hatte, ebenso wie sein jüngerer Bruder August, eine hervorragende Ausbildung erhalten und brachte außer seiner Jugend Klugheit, Entschlusskraft und Weltoffenheit mit. Er wusste sich umworben und bedrängt einerseits von dem ihm durch den gleichen Glauben nahestehenden protestantischen Fürstenbund, zu dem auch sein Schwiegervater Philipp von Hessen gehörte, wie andererseits von Kaiser und König, den katholischen Habsburgern. Diesen fühlten sich die Wettiner immer verbunden. Egal also, für welche der Parteien sich der junge Herzog entschied, die andere Seite würde zum Gegner werden, und für diesen Fall mussten Herzogtum und Residenz vorbereitet werden.

Noch 1541, im Jahr seines Regierungsantritts, berief Herzog Moritz den erfahrenen Baumeister Caspar Vogt von Wierandt nach Dresden. Zivil- und Militärbau waren im 16. Jahrhundert ebenso wie Zeug- und Bauwesen in der Funktion des obersten Baubeamten gekoppelt. Vogt wurde also der oberste Zeug- und Baumeister im Herzogtum. In dieser Eigenschaft begleitete er in den folgenden Jahren den Herzog mehrfach auf Kriegszügen, die Moritz als Reichsfürst in kaiserlichem Auftrag unternehmen musste. Denn Auseinandersetzungen drohten aus Macht- und Glaubensgründen nicht nur im Reichsinnern, sondern aus den gleichen Gründen auch im Westen des Reichs mit Frankreich und ganz im Südosten mit den vordringenden

Türken. Der Herzog lernte nicht nur die Kriegsschauplätze und die führenden Offiziere des Reichs kennen, sondern auch die modernsten Verteidigungsanlagen. In Italien war gerade eine neue Form der Verteidigungsarchitektur entwickelt worden, die nach ihren prägnanten Werken, den fünfeckigen Bastionen, als Bastionärbefestigung bezeichnet wurde. Was lag also für ihn näher, als diese teure, aber moderne und äußerst wirksame Variante der Verteidigungsarchitektur für seine Residenz auszuwählen. Dresden war die erste deutsche Stadt, die einen Bastionsgürtel erhielt. Ein steinverkleideter, zum Teil kasemattierter Erdwall verband die wie Pfeile in einen nassen Graben vorspringenden Bastionen. Von ihnen aus konnten auf drei Ebenen die Belagerer mit Kanonen und Handfeuerwaffen bekämpft werden.

1545 wurde mit dem Bau dieser Anlage begonnen, zuerst auf der bisher unbefestigten rechten Elbseite um Altendresden, 1546 vor dem Schloss im Nordwesten der Residenz. Aus finanziellen Gründen blieb der Bau auf der rechtselbischen Seite unvollendet (Straßennamen wie Obergraben und Wallgässchen erinnern noch daran), auf der Residenzseite wurde die damals modernste Befestigungsanlage Deutschlands 1555 vollendet. Ein Kranz von acht Bastionen umgab schützend die Stadt. Der lange Elbwall wurde noch durch eine kleine Geschützplattform, eine Piatta Forma, verstärkt, die, östlich neben der Brücke gelegen, diesen Zugang besonders sicherte und heute noch vorhanden ist.

Während am Festungsbau gearbeitet wurde, begann der junge Landesherr, der seit 1547 Kurfürst von Sachsen war, auch sein Residenzschloss zu modernisieren und zu vergrößern. Weil aber der Platz im Nordwesten der Stadt durch den Festungsbau begrenzt war, musste er mit der Schlosserweiterung bis unmittelbar an den Wall vorstoßen. Auf Dauer war das ein unbefriedigender Zustand, weil hier die ersten, sehr kleinen Bastionen lagen, die den

Kurfürst Moritz von Sachsen. Gemälde von Lucas Cranach d. J. Ehem. Residenzschloss, Dresden

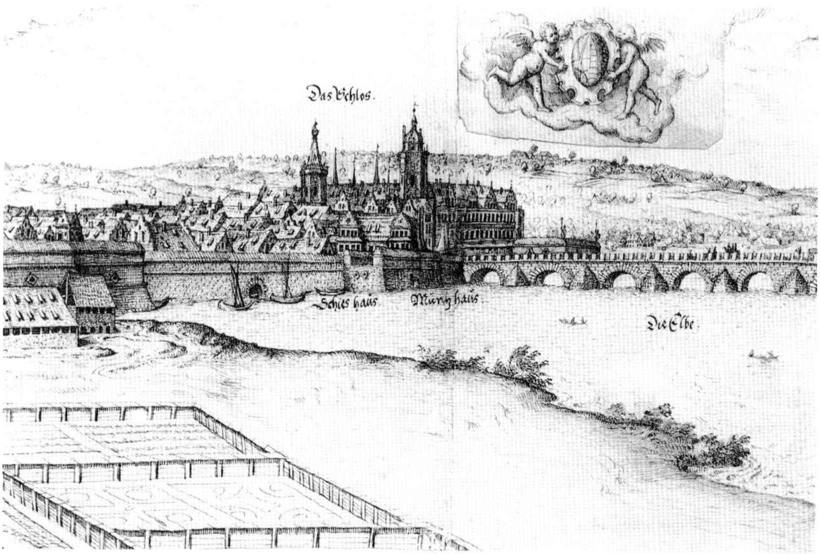

Der Elbwall. Ausschnitt aus der Zeichnung von Gabriele Tola, um 1570. Stadtmuseum Dresden

hohen Schlossneubau nur ungenügend schützten. In den Sechzigerjahren des 16. Jahrhunderts bereitete man deshalb eine Erweiterung des Befestigungsringes an dieser Stelle im Nordwesten der Stadt vor. Vogt von Wierandt war inzwischen gestorben, als neuer Festungsbaumeister kam der Italiener Graf Rochus von Linar nach Dresden. Er ließ die drei kleinen Bastionen vor dem Schloss durch zwei großzügige, weit ins Vorgelände reichende Bastionen ersetzen und schaffte damit Platz für weitere kurfürstliche Bauten in unmittelbarer Schlossnähe.

Es ist dies der Raum, der heute zu den schönsten in Dresden zählt, der Theaterplatz mit der Semperoper und den Zwingerbauten. Der nasse Graben vor dem Kronentor ist der letzte Rest des Festungsgrabens. Sonst erinnert nur noch der Name »Zwinger«, den jetzt die Barockbauten tragen, daran, dass hier einst das Gelände der Stadtverteidigung lag.

Nachdem 1530 das alte Zeughaus am Schloss abgebrannt war (an seiner Stelle wurde 1565 bis 1567 das Kanzleihaus errichtet, der heutige Sitz des Bischofs von Dresden-Meißen), wurde nach Jahren der Improvisation zwischen 1559 und 1563 im Nordosten endlich das dringend benötigte neue Zeughaus errichtet. »Das Churfürstliche Zeughaus ..., zu dessen Anbau fünf ziemlich große Gartenplätze angekauft worden, liegt in einer besonders eingeschlossenen Mauer und wurde nach dem von Venedig für eines der grösten in Europa gehalten«, schrieb Benjamin Gottfried Weinart in seiner »Topographischen Geschichte der Stadt Dresden«. Auch wegen seiner Zweckmäßigkeit, seiner schönen Gewölbe und nicht zuletzt wegen seiner tiefen kurfürstlichen Weinkeller mit den reichhaltigen Beständen vom Dach bis in den Keller erlangte es Berühmtheit. Jedoch zeigte sich nach seiner Fertigstellung, dass auch hier - wie vor dem Schloss - die alte Bastion den prächtigen Renaissancebau nicht ausreichend decken konnte.

Churfürstlich-Sächsisches Hauptzeughaus, an der Stelle des heutigen Albertinums

Kurfürst Christian I. und Kurfürstin Sophie. Medaillenanhänger von Heinrich Rappusch d. Ä., 1588. Staatliche Museen Berlin, Münzkabinett

Die Bastion Jungfer

Am Ende des Jahrhunderts begann unter dem reform- und baufreudigen Kurfürsten Christian I. (1560/1586–1591) die Vergrößerung der Nordostbastion. Der nunmehrige oberste Zeug- und Baumeister Paul Buchner legte mehrere Entwürfe vor, nach denen schließlich ab 1589 der überaus teure Bau begann. Eine Vergrößerung dieser Bastion war nur nach Osten möglich, also rückte Buchner den Bau am Elbufer entlang um etwa das Vierfache in vorstädtisches Gelände hinaus. Das bedeutete wieder Ankauf von bürgerlichem Grundbesitz für den Festungsbau. Darüber hinaus war auch eine Umgestaltung der anschließenden Bastion, des Hasenbergs, erforderlich. Der Festungsgraben musste nach Osten verlegt und das feuchte Gelände durch einen kostspieligen Pfahlrost für den Bau der schweren und großen Bastion überhaupt erst einmal vorbereitet werden. Es war ein gewaltiges Bauvorhaben, was die Zeitgenossen beeindruckte. In den Grundstein der Bastion wurde ein Schreiben gelegt, in dem es heißt: »Gedächtnüs-Schrifft wegen der großen Pastey an der Elbe. Der Durchleuchtigste Hochgebohrne Fürst und Herr, Christianus ... hat ... im 1589ten Jahre ... auf diese weltberühmte Vestung Dresden, große Unkosten, damit dieselbe erbauet, auch mit Mühlen, Proviant-häusern, Proviant und allen der Vestung Nothdurfften gantz wohl versehen worden, aufgewendet, desgleichen etzliche Feld: und Hagel=Stücken, die Artillerie darmit zu verstärcken, zu giessen vorgenommen. Hochgemeldter unser gnädigster Churfürst und Herr, hat auch zu Befestigung des Orts am Ziegel Thore, diese neue Vestung oder Berg aus dem Grunde zu bauen angefangen, und heute dato den 18. Augusti 89. den Ersten Stein daran legen laßen ... Der Allmächtige GOTT wolle dieselbe zu seinem Göttlichen Schutz und Schirm ferner erhalten. Amen.

Hanns Claus Rueßwurmb, Churfürstl. Sächs. bestalter Hauptmann der Vestung Dresden: und Paulus Buchner, der Zeit Churfürstl. Sächs. Zeug= und Baumeister.«

Die vergrößerte Bastion nannte man bald nach dem Standbild einer Justitia an der Bastionsspitze »Jungfer«. Das Ziegeltor wurde im Zuge der Bauarbeiten für die Bevölkerung geschlossen und weiter landeinwärts in östlicher Richtung nach Pirna ein neues Tor gebaut, an dessen Lage heute noch der Pirnaische Platz erinnert.

Von der Spitze der Jungfernbastion hatte man einen herrlichen Ausblick über das Elbtal bis auf die Berge im Osten und im Westen. Kurfürst Christian gefiel der Ort, der kasemattiert war und ursprünglich zur Aufstellung von Kanonen diesen sollte, besser für den Bau eines Lusthauses, eines später so genannten Belvederes, das schließlich mit edelsten sächsischen Steinen verkleidet zu einem kostbaren Schmuckstück mitten im militärischen Bereich wurde. Leider starb Christian I. bereits 1591. Sein früher Tod verzögerte seine vielfältigen Bauvorhaben. Bis zur Volljährigkeit seines Sohnes, des späteren Christian II. (1583/1601–1611), führte ein sparsamer Administrator, Her-

Befestigungsanlagen mit der vergrößerten Bastion von der Brücke bis zur Hasenbastei von Paul Buchner, 1591. Landesamt für Denkmalpflege, Dresden

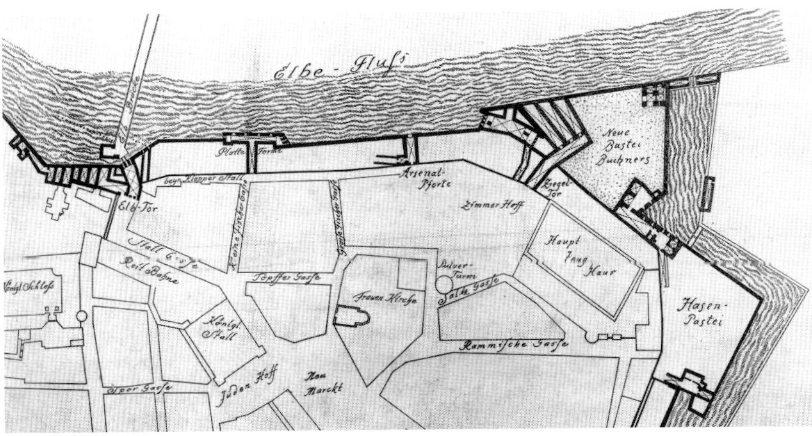

Paul Buchner. Medaille von Tobias Wolf. Kunsthistorisches Museum Wien, Münzkabinett

zog Friedrich Wilhelm zu Sachsen, die Regentschaft. Baumeister Paul Buchner sah sich gezwungen, immer wieder beim Administrator anzufragen, wie es denn mit den begonnenen Bauarbeiten nun weitergehen solle. Der Herzog zog fünf Kammerräte zu allen Besprechungen hinzu. Ein zäher Streit um Mittel für den Festungsbau begann. Buchner musste mehrere Kostenvoranschläge ausarbeiten, wobei er auf bereits eingereichte Angaben verwies. In einem Überschlag vom 26. März 1592 hielt er 2000 Gulden pro Woche für die Fertigstellung der Fortifikation für nötig. Der Administrator bewilligte am 5. Mai 600 bis 700 Gulden. Das reichte bei weitem nicht, die Summe wurde auf 900 erhöht, aber auch damit konnten die Löhne nicht voll ausgezahlt werden. In einem »Memorial Zettel« fragte Bucher am 6. Mai an, wie es mit den kurfürstlichen Gebäuden dieses Jahr gehalten werden solle. Auf dem »Neuen Bau«, der Jungfernbastion, müsse der »Cabulir oder vberhohunge« (der Kavalier war eine Aufschüttung oder Aufmauerung in der Form des darunter liegenden Hauptwerkes zur besseren Geschützverteidigung) mit dem Lusthaus fertig gestellt werden, »Nota: ob es auch mit Marbell sol gezieret werden«. Die durch die Vergrößerung der Bastion notwendige Anpassung des Hasenberges müsse auch in Angriff genommen werden, dafür fehle allerdings Erde. Deshalb sollte dem Rat befohlen werden, dass für die geplanten Bauarbeiten auf dem Neumarkt jetzt die Keller auszuheben seien, »sonsten kann ich zu keiner Erden kommen, solchen Bergk Zuferttigen«.

Buchner stand quasi zwischen Baum und Borke: der Administrator bewilligte weniger Geld, die Bauleute verlangten mehr Lohn. Am 1. April 1593 schrieb Buchner dem Landrentmeister, dass soeben Maurermeister Peter Kummer bei ihm war und erklärt hatte, wenn er zu seiner jährlichen Bestallung von 50 Gulden nicht wöchentlich zwei Gulden Zulage erhielte, wollte er weder an der Festung noch auf anderen kurfürstlichen Baustellen arbeiten! Erhielte er jedoch die Zulage, würde er auch keine Arbeiten mehr bei Bürgern annehmen. Buchner bat um Entscheidung.

Zum Aufgabenbereich des kurfürstlichen Zeug- und Baumeisters Buchner gehörten nicht nur die bedeutenden, Jahrhunderte überdauernden Festungsbauten, er war auch zuständig für die Errichtung einer Garküche, für Holzbuden mit Herings- und Dörrfischhandel, Grieß und Mehl, Obst und Käse an der Kirchhofsmauer Unser Lieben Frauen zum Neumarkt hin.

Es fällt auf, dass mit dieser Aufgabe am 13. August 1596 der kurfürstliche Zeug- und Baumeister und nicht der vom Rat angestellte Stadtbaumeister betraut wurde; allerdings ging es auch nicht um den Aufbau der Holzbuden, sondern um die Platzzuweisungen. Eine Mehlbude sollte übrigens neun Meter lang und drei Meter breit sein – Bescheid Buchners vom 13. September, insgesamt vier Wochen Bearbeitungsdauer, einschließlich der Genehmigung vom Administrator!

Über die Ausführung des Lusthauses äußerte man sich sehr vorsichtig: die von Kurfürst Christian I. vorgesehene Marmorverkleidung sei teuer, besonders unter dem Aspekt, dass das Gebäude im »nothfall ... auch mitt Zur Wehre« gebraucht würde und also »nicht lange bestand haben« könne. Trotz aller Vorbehalte entstand schließlich unter der Leitung von Giovanni Maria Nosseni aus dem ursprünglichen Wehrbau ein Kleinod, dessen Innenräume durch Carlo de Cesare und Sebastian Walther in bisher nicht gesehener Kostbarkeit ausgestaltet wurden. – 1617, die Zeit des sparsamen Administrators war vorüber und der Dreißigjährige Krieg hatte noch nicht begonnen, ließ Kurfürst Johann Georg I. (1585/1611–1656) durch Sebastian Walther ein zweites Geschoss mit haubenartigem Dach auf das Lusthaus setzen.

Am Ende des 17. Jahrhunderts findet man wohl zum ersten Mal in zeitgenössischen Berichten den reizvollen Bau

Das Lusthaus auf der Jungfernbastei. Gemälde, Rekonstruktion von F. Hagedorn, 1889. Stadtmuseum Dresden

auf dem Elbwall erwähnt. Auf den Stadtansichten, die der Dresdener Bürgermeister Gabriel Tzschimmer 1678/80 anlässlich der „Durchlauchtigsten Zusammenkunft« der kurfürstlichen Geschwister veröffentlichte, wird dieses erste Belvedere gezeigt.

Dresden im Dreißigjährigen Krieg

So sehr der dreißig Jahre währende Krieg im 17. Jahrhundert das Kurfürstentum Sachsen verheerte, so relativ glimpflich kam die Residenz dank ihrer starken Fortifikation davon. Auf der rechten, bisher unbefestigten Elbseite wurde in aller Eile ein Ring von Bastionen nach der im 17. Jahrhundert modernen niederländischen Manier errichtet.

Wilhelm Dilich, derzeitiger Oberlandbaumeister, ließ auch um die Residenzseite von der Elbe im Osten bis zur Weißeritzmündung im Westen, weit vor die Befestigungsanlagen des 16. Jahrhunderts, einen großen Halbkreis von Feldbefestigungen aufwerfen.

Neue Forschungen bescheinigen dem häufig wegen Wankelmut kritisierten Johann Georg I. eine kluge Regierung. Er hat versucht, sein Kurfürstentum aus den jahrzehntelangen, zermürbenden Kämpfen weitgehend herauszuhalten, den Auseinandersetzungen zwischen zwei Parteien, deren eine, die Union mit Schweden an der Spitze, er aus Glaubensgründen, die andere, die Liga mit dem Kaiser, er aus Staatsräson hätte unterstützen müssen. (Die Konstellation erinnert an die politische Lage unter Moritz 80 Jahre früher). Dem Kurfürsten gelang es, die Ober- und die Niederlausitz für Sachsen zu gewinnen. Seine Devise »Ich fürchte Gott, liebe Gerechtigkeit und ehre meinen Kaiser« erscheint in dieser Reihenfolge mehr von Geradlinigkeit als von Biederkeit geprägt. Als ranghöchster weltlicher Kurfürst vermittelte Johann Georg am 30. Mai 1635 in Prag den »größten und folgenreichsten Teilfrieden dieses Krieges«, schätzt Johannes Burkhardt ein, ein reichspolitisches Fanal gewissermaßen, dem sowohl Brandenburg als auch Bayern folgte, Protestanten wie Katholiken. Da aber Schweden und Franzosen eigene Ziele auf deutschem Territorium verfolgten, wurde weitergekämpft.

Kurfürst Johann Georg I. von Sachsen, Gemälde (Ausschnitt) von Frans Lux. Gemäldegalerie Alte Meister, Dresden

Wenn auch Dresden selbst nicht zum Kampfplatz wurde, so waren doch seine Bürger durch die Verheerungen im Land, das Darniederliegen der Wirtschaft sowie die dauernden Einquartierungen an den Rand ihrer Existenz gebracht. Die Hauswirte waren verpflichtet, die bei ihnen logierenden Soldaten und Offiziere auch zu beköstigen. Manche Bürger konnten ihnen jedoch »armuts halben nichts geben«. Weil häufig der Sold monatelang ausstand, stahlen die Soldaten, was sie zum Leben brauchten – auch bei ihren Wirten. Die Offiziere benahmen sich besser. Weil sie aber mit Gefolge, nicht selten mit hochgestellten Gefangenen, die ebenfalls wieder Knechte bei sich hatten, einzogen, baten die Bürger den Rat immer wieder, Soldaten statt Offiziere ins Haus zu bekommen. Bei der Durchsicht der zahlreichen Akten fällt auf, dass hohe Offiziere in der ersten Hälfte des 17. Jahrhunderts begannen, sich zumindest bei offiziellen Anreden des Französischen zu bedienen. Ein vermutlich vom Generalfeldzeugmeister Johann Melchior von Schwalbach stammendes Schreiben ist 1634 »A Monsieur Collonel Taube« gerichtet, dem Schwalbach mitteilte, es sei »ihm doch nicht vnbewust, wie langsam alles Zu Dresden herzugehen pflegett«. Dabei war so viel zu tun in der Residenz!

Ein vermutlich 1633 oder 1634 angefertigter Entwurf »Was ann der Vhestung Zu Dresdenn Nottwendig Zuverhattschlagenn vnd vorZunemen ist« betrifft auch den Elbwallbereich: Vor der Jungfernbastion (es wurde immer noch Ziegeltor genannt, obwohl das Tor seit Jahrzehnten zugemauert war) sei eine Besichtigung nötig, weil man wieder zwischen der Elbe und der Festung »trucken auff derselben schutt hinab reidenn vnnd gehen kann«. Die Elbe schwemmte hier immer wieder Sand an. Der Festungsgraben müsste auch tiefer ausgehoben werden, und der Auslass bzw. die Schleuse sei zu gering verwahrt, das sei gefährlich, ein besonderes Fallgatter oder »stacket« dringend nötig. Dem Schreiben fehlen Datum und Unterschrift, es hat Entwurfscharakter, könnte aber von Wilhelm Dilich oder einem seiner Mitarbeiter kommen. Es wäre auch besser, meint der Schreiber, wenn die Gelder für den Festungsbau als Extrakosten »Vor sich allein« geordnet würden. Zu diesen Geldern gehörten auch die Soldzahlungen für die Schanzarbeiter. So erhielt zum Beispiel ein Schanzhauptmann 30 Taler, ein Schanzleutnant 15, ein Wallsetzer sieben Taler. Hinzu kamen Schanzbauern, Schreiber, Maurer, Steinmetze – alles Tätigkeiten und Ausgaben für

Ansicht von Dresden 1650. Ausschnitt aus einem Kupferstich von Matthäus Merian

Arbeiten, die sich ausschließlich auf den Festungsbau bezogen. Dabei waren weder die wachhabende Festungstruppe, die so genannte Unterguardia, noch die Festungsartillerie, die Zeugmeister mit ihren Gehilfen, berücksichtigt. Außerdem mussten die Verbündeten beliefert werden. Sie brauchten nicht nur Lebensmittel für Mensch und Tier, sondern auch Pulver, Lunten, Musketenkugeln, Schanzzeug usw. Stadt und Land zahlten bis zur Erschöpfung. Dresden wurde, wie gesagt, nicht vom Feind besetzt, der Freund war teuer genug.

Die Residenz galt als sicher. Es scheint, als sei dies Grund genug gewesen für die Annahme, dass die Stadt demzufolge Geld haben müsse. In einem Schreiben vom 3. Oktober 1638 bat der Rat den Kurfürsten um Erstattung der verauslagten Gelder, die Kriegskosten verursachten »Vnuberwintlichen schaden aus dem gemeinen Guth«. Eine »Specification« der »militarischen Spesen« war beigefügt. Daraus erfährt man, dass Dresden auch für sämtliche Kuriere zahlen musste, die unentwegt »baldt Zu Ihrer Keyserl. Mayst: baldt zu Dero Reichs Armeen« geschickt wurden, für Pferde und Kutschen auch. Der Rat hatte noch etliche »starcke Posten« offen lassen müssen »wegen mangelung des geldes«. Die Schweden scheinen die Situation besonders ausgenutzt zu haben. Wollte ein schwedischer Hauptmann nach Meißen, so ritt er nicht einfach dorthin, sondern ließ sich kutschieren, Kosten: zwei Gulden, sechs Groschen. Der Kutscher wurde mit seiner Forderung an den Rat verwiesen. Seine Exzellenz Graf »Ochsenstirn« speiste für acht Gulden im Gasthof, die Rechnung ging an den Rat. Vielleicht hatte Axel Oxenstierna im »Roten Hirsch« vor dem Pirnaischen Tor gegessen, wo das Militär gerne abstieg, Rechnung immer an den Rat. Vielleicht war der schwedische Reichskanzler aber auch in der Stadt eingekehrt, denn ihm oblag nach Gustav Adolfs Tod die politische Leitung des schwedischen Kriegsunternehmens, damit stand er weit über den einfachen Offizieren. Wo auch immer er gespeist haben mag, der Rat musste bezahlen.

Die Lage der Bürger wurde unerträglich, als außer den finanziellen und räumlichen Belastungen der Einquartierung auch noch Schanzarbeiten von ihnen verlangt wurden. Es kam zu verbalen und schließlich auch tätlichen Auseinandersetzungen zwischen den verordneten Schanzbauern und den Besitzern der angrenzenden Gärten und Scheunen. Die Schanzarbeiten bestanden – außer im Bau der Bastionen um Altendresden und den Feldwerken um die Residenz – in einer Verstärkung und Erhöhung der Bastionen, der »Vestungs=Berge«, wie Antonius Weck, der Dresdner Chronist des 17. Jahrhunderts, sie nennt, sowie in der Anlage von Laufgräben an der Außenseite der Festungsgräben, an der so genannten Contrescarpe. – So lange um Pirna gekämpft wurde, hielt sich der Kurfürst häufig in einem Zelt auf dem Hasenberg hinter dem Zeughaus auf. Das Zelt erschien wohl kriegsgemäßer als ein Aufenthalt im Lusthaus, jedenfalls waren von dem erhöhten Standpunkt aus herannahende Boten oder Schiffe

eher zu bemerken. – Um die Situation etwas zu entspannen und die Bürger zu entlasten, hatte der Rat beschlossen, die 1631/32 entstandenen Einquartierungskosten rückwirkend zu erstatten. Dafür wurden, nach Stadtvierteln und Vorstadtgemeinden geordnet, die Unkosten der Quartierwirte aufgelistet. In der Gerbergemeinde steht dabei Sebastian Walther, kurfürstlich-sächsischer Architectus, mit 122 Gulden, acht Groschen an oberster Stelle, denn sein Gartenhaus vor dem Wilsdruffer Tor war von den einquartierten sächsischen Soldaten geplündert worden. Walther kannte ihr Regiment und teilweise auch ihre Namen. Sie hatten Schlösser und Türen herausgebrochen und außer Gemüse und Obst auch sein Handwerkszeug gestohlen, ein empfindlicher Verlust für den Künstler, der an der Ausgestaltung des kurfürstlichen Lusthauses arbeitete.

Altstadt von Dresden um 1650. Untersatz des Porträts Johann Georg I. von Daniel Bretschneider d.J. Grünes Gewölbe, Dresden

Eine Mitte des 17. Jahrhunderts an den Kurfürsten gerichtete Denkschrift, in der wieder auf Mängel bei den Festungswerken hingewiesen wird, belegt, dass bereits zu dieser Zeit der Wall der Jungfernbastion durch »den Garthen, welcher in solchem Bollwerck angelegt ist, indem mann die Erde von dem Wall hinweg nimt und den Garthen damit verbeßert«, in beträchtlichem Maße zivil genutzt wurde. Vielleicht betraf es gärtnerische Anlagen um das Lusthaus. Das Schreiben beweist auf jeden Fall, dass Graf Brühl nicht der erste war, der den Elbwall als Garten nutzte.

Trotz des kurfürstlichen Lusthauses wurde die Bastion von den jeweiligen Festungsbaumeistern militärisch in Stand gehalten. Im oben erwähnten Schreiben wird darauf hingewiesen, dass vor wenigen Jahren die Brustwehr auf der Bastion Jungfer neu aufgeführt worden sei, von der großen Rampe am Zeughaus bis zum eisernen Gitter, nun müsse allerdings der Rest an dieser Seite sowie die linke Bastionsseite ebenfalls erhöht und mit einem neuen, breiten Wallgang versehen werden, auf dem bequem Kanonen aufgestellt werden könnten.

Der Götter Lustort

Aus dem Ende dieses Jahrhunderts ist die Kopie eines Schriftstückes erhalten, das bei der Reparatur des Schlossturms in den Turmknauf gesteckt wurde. Nach einem kurzen Überblick über die Stadtgeschichte wurde Dresden und das Elbtal gepriesen, das sich »als ein irdisches Paradies repräsentiert«, es wird »der Götter Lustort« genannt.

Wolf Caspar von Klengel. Gemälde von Heinrich Christoph Fehling, um 1680. Gemäldegalerie Alte Meister, Dresden

Abschließend werden neben anderen die Mitglieder des Oberbauamtes aufgezählt: Wolf Caspar von Klengel, Baudirektor; August Adolph Drandorff, Oberzeugmeister; Johann George Starcke, Oberlandbaumeister; Gottfried Schmidt, Zeugleutnant; Johann Albrecht Eckhardt, Landbaumeister; Constantinus Porbis, Bauschreiber. Mit Klengel (1630–1691) war als Nachfolger des Oberlandbaumeisters Dilich 1655 ein junger Dresdner in dieses hohe Amt berufen worden, ein Urenkel des verdienten Zeug- und Festungsbaumeisters Paul Buchner. Er hatte eine ausgezeichnete Ausbildung auf militärischem wie auch auf künstlerischem Gebiet erhalten, die durch Auslandsaufenthalte vertieft worden war. 1664 erhob ihn der Kaiser in den erblichen Adelsstand. 1676 avancierte er zum Artillerie-Obristen, 1685 zum Oberkommandanten der Residenzfestungen Alt- und Neudresden. Die historisch bedingte enge Verbindung von Artillerie und Bauwesen wurde im Wirken Wolf Caspar von Klengels noch einmal bestätigt. Ihm ist es zuzuschreiben, dass die sächsische Artillerie neben der brandenburgischen in diesem Jahrhundert als die beste im Reich galt. Er beschäftigte sich intensiv mit der theoretischen Seite des Büchsenwesens und bereitete ein zweibändiges Werk vor über die »Artillerey Kunst Cammer Von Allerhand Ernst vnd Lust fewerwercken …«. Wegen seiner umfassenden Bildung wurde er auch am kurfürstlichen Hof hoch geschätzt und als Lehrer für Artillerie- und Bauwesen für Prinz Friedrich August ausersehen, den jüngeren Bruder des Thronfolgers Johann Georg.

Was den Festungsbau betrifft, sah Klengel seine Aufgabe in der Instandhaltung und Anpassung der Werke an den neuesten Stand der Fortifikationsentwicklung. Die Anlage von Niederwällen ließ er vervollständigen. In Altendresden wurden die großen Erdbastionen zu Kesseln umgebaut, von denen Gewölbe auf den Niederwall führten. Allerdings war das Vorhaben noch längst nicht vollendet, als ein fürchterlicher Stadtbrand 1685 Altendresden in Schutt und Asche legte. Zu Klengels bleibenden Verdiensten im Dresdner Städtebau gehörte das Konzept für den Wiederaufbau des künftig »Neustadt« genannten rechtselbischen Stadtteils, das noch heute im Verlauf der Haupt- und Königsstraße von der Augustusbrücke aus zu erkennen ist.

Nach dem unerwarteten frühen Tod des jungen Kurfürsten Johann Georg IV. folgte ihm sein Bruder Friedrich August I., der den Beinamen der Starke erhielt, eben jener von Klengel ausgebildete Prinz, in der Regierung. Gelegenheit, Weitblick und Finanzkraft verschafften ihm die

König August II. von Polen. Gemälde (Ausschnitt) von Louis de Silvestre, 1718. Gemäldegalerie Alte Meister, Dresden

polnische Krone (1670/1694, ab 1697 König von Polen bis 1733). Als König August II. reiste er nun zwischen den Höfen von Warschau und Dresden hin und her. Logischerweise verteilten sich die strategischen Schwerpunkte jetzt anders, damit auch die finanziellen Zuteilungen. Der Dresdner Festungsbau stand zumindest nicht mehr im Vordergrund königlicher Interessen. Aber obwohl die Fortifikation um die Residenz längst nicht mehr auf dem internationalen, nun weitgehend von Frankreichs überragendem Festungsbaumeister Vauban geprägten Stand war, bedeutete sie immer noch zuverlässigen Schutz. Als 1704/05 während des Nordischen Krieges ein schwedischer Einfall drohte, sollten Archivalien, Geschütze und Munition in die Residenz gebracht werden. Sie galt neben der Festung Königstein und dem Sonnenstein als sicherer Platz.

Der musische, durch Erziehung, Reisen und Neigung künstlerisch gebildete Friedrich August interessierte sich, wie für die unterschiedlichsten Bauvorhaben, auch für die Fortifikation. 1721 benannte er, einer Mode folgend, die Dresdner Bastionen nach römischen Göttern, an der Elbe wurden im Osten aus der Jungfernbastion die Venus und aus dem Hasenberg Mars. (Im Volksmund blieben die alten Name erhalten.) Die Kasematten der Venus erhielten die Bezeichnung Vulkanshöhlen. Vulcanus, der römische Gott des Feuers und der Schmiedekunst, galt auch als Erfinder der Artillerie. Der Dresdner Magister Wirzbach reimte um 1650, die Erinnerung an das Kriegsgeschehen war noch frisch, »Zu großen Schaden Landt Vnd Stadt Vulcanus Solchs Erfunden hat«. – In diesen Gewölben hatte in den ersten Jahren des 18. Jahrhunderts Johann Friedrich Böttger gearbeitet und bei der Suche nach Gold 1709 das europäische Porzellan entdeckt. Eine Stele auf der Bastion erinnert daran.

1728 entwickelte Friedrich August ein vom französischen Festungsbaustil beeinflusstes, weit gestaffeltes, flaches »Noveau Systeme«, das in der Württembergischen Landesbibliothek erhalten ist. 1731 bestätigte der König in Warschau einen neuen Entwurf für die Befestigung der rechten Elbseite. Doch mit seinem Tod 1733 kamen diese Pläne zum Erliegen.

Reichsgraf Heinrich von Brühl und die Festung Dresden

Friedrich August II. (1696/1733–1763), als König von Polen August III., mit der Habsburgerin Maria Josepha verheiratet, war vor allem Kunstliebhaber und Kunstsammler. Sein Einwirken auf die Gestaltung der Elbfront beschränkte sich auf ein einziges, aber dominierendes Bauwerk: den Bau der katholischen Hofkirche. Seit dem Übertritt Augusts des Starken zum katholischen Glauben fehlte in der Residenz ein repräsentatives katholisches Gotteshaus. 1737 wurde Gaetano Chiaveri nach Dresden geholt, um eine solche Kirche zu bauen (1738–1755). Für die dafür notwendige Baufreiheit mussten weitere Teile der Befestigungsanlage abgetragen und weitere Pfeiler der Elbbrücke verschüttet werden.

Das Bauwesen war noch unter Friedrich August I. umstrukturiert worden. Nach Klengel hatte Johann Georg Starcke (um 1640–1695), seit 1672 bereits Oberlandbaumeister, 1692 auch das Festungswesen geleitet. Nach seinem Tod übernahm Christoph Graf Wackerbarth (1662 bis 1734) die Oberinspektion über die Zivil- und Militärgebäude. Ihm folgte Jean de Bodt (1670–1745), der 1728 aus preußischen Diensten nach Sachsen gekommen war. Noch während seiner Amtszeit wurde Johann Christoph Knöffel (1686–1752) zum bevorzugten Architekten des Grafen Brühl. Er übernahm von de Bodt die Leitung des Zivilbauamtes. 1744 waren Militär- und Zivilbauamt getrennt worden.

König August III. Bildnis von Johann Martin Henrici auf Meissener Porzellan, 1754. Porzellansammlung im Zwinger, Dresden

Heinrich Graf Brühl. Gemälde (Ausschnitt) von Louis de Silvestre, um 1730, Privatbesitz

Franziska Maria Anna Gräfin Brühl. Gemälde (Ausschnitt) verm. von Ádám Mányoki, um 1737. Gemäldegalerie Alte Meister, Dresden

Die Staatsgeschäfte überließ Friedrich August II. weitgehend und dankbar seinem Günstling, Heinrich Graf Brühl (1700–1763). Auch dessen Charakterbild schwankt, um mit Schiller zu sprechen, in der Geschichte, wird aber in den letzten Jahren nicht mehr so ausschließlich negativ und damit sachlicher gewertet. »Der Rahmen für das Brühl-Bild ist längst zu klein. Da die Halb- und Unwahrheiten zuviel Platz einnehmen, paßt wenig mehr als der Lebemann hinein, und es verblaßt so manches, was der Beachtung durchaus wert ist. In die Ära Brühl fällt eine neue Bauauffassung. Das Zeitalter des Barocks ist zu Ende; man baut leichter, beschwingter – im Stil des Rokoko, des ›Sächsischen‹, und Brühl sieht eine willkommene Chance, sich zu profilieren. In Knöffel findet er einen Baumeister, der zu den genialsten seiner Zeit zählt«, urteilt Walter Fellmann in seiner Brühl-Biographie.

Brühl versuchte, militärische Auseinandersetzungen mit Hilfe von politischen Lösungen, d. h. durch Diplomatie, zu umgehen. Dass dies auf Dauer nicht gelang, ist bekannt. Er war mit so vielem beschäftigt, das ihn interessierte und auslastete – Beschaffung von Geld für den König/Kurfürsten (und für sich), Beschaffung von Gemälden für den König/Kurfürsten (und für sich), von Kunstgegenständen, Büchern, Bauten, Porzellan –, alles von delikatem Geschmack und erlesener Qualität. Er brauchte Platz für alle diese schönen Dinge, für Repräsentation und natürlich für seine Familie.

Brühl hatte seine Laufbahn am Dresdner Hof 1719 als Silberpage begonnen und nach einer beispiellosen, aber sicher arbeitsreichen Karriere es 1733 zum Kabinettsminister gebracht. 1734 heiratete er Maria Anna Gräfin Kolowrat-Krakowski. 1737 wurde er in den Reichsgrafenstand erhoben. Im gleichen Jahr schenkte der Kurfürst Brühl ein Grundstück in der Augustusstraße. Ein Nachbargrundstück erwarb Brühl hinzu, so dass hier – unter Einbeziehung vorhandener Bausubstanz – der Bau seines Palais auf einem unregelmäßigen, verwinkelten Areal begann. Weitere, östlich angrenzende Grundstücke kamen später hinzu. Knöffel gelang es, aus diesem Konglomerat ein großzügiges, vornehmes Ganzes zu schaffen.

Mit dem Bau des Palais gewann natürlich auch der elbseitig vor dem Bau liegende Wallabschnitt für Brühl Bedeutung.

1739 schenkte Friedrich August II. ihm den Wallteil vor dem Haus, östlich von der Brücke an. Um das zwischen dem Palais und dem Festungswall liegende Gässchen (Am Klepperstall, das heutige Terrassengässchen) zu überwinden, fanden Brühl und Knöffel eine gleichermaßen ungewöhnliche wie einfache und elegante Lösung: Aus dem im zweiten Obergeschoss des Hauses gelegenen Gartensaal schwang sich eine schön gewölbte Treppe über die kleine Gasse hinweg in den Wallgarten, der nun quasi als großzügiger Vorgarten gestaltet wurde, mit Bassin und Springbrunnen und den Baumgruppen zu seinen beiden Seiten. Das Bassin wurde erst in den Neunzigerjahren des letzten Jahrhunderts bei Rekonstruktionsarbeiten auf der Terrasse wiederentdeckt. Weinart beschrieb 1777 die Situation: »Natur und Kunst machen diesen großen Garten zu einer der schönsten Spaziergänge vor Dresden. Die reizendsten Aussichten unter Schattenreichen Alleen von Linden, welche in den schönsten buchenen Hecken eingeschlossen sind, ergötzen bei schöner Witterung unendlich.« Ergötzlich war sicher auch der Blick auf die seit dem Sommer 1729 mit Laternen beleuchtete Elbbrücke, deren schöner Schwung nach dem Abbruch des wehrhaften Blockhauses auf der Brücke noch besser zur Geltung kam.

1738 wurde das aus dem 16. Jahrhundert stammende Münzhaus neben der Elbbrücke abgerissen, weil eine neue Münze an der Frauenkirche fertig gestellt worden war. Nun wurden auch die Festungswerke in dem Bereich, in dem die alte Münze gelegen hatte, von erzgebirgischen Bergleuten abgetragen, ebenso wie Anfang 1739 das alte Fes-

Johann Christoph Knöffel. Kupferstich (Ausschnitt) von Anton Tischler

tungstor im Elbwall. Auf Kosten der Fortifikation wurde also der Bereich vor dem Schloss planiert und modernisiert und damit gleichzeitig auch der Bauplatz für die Hofkirche geschaffen. Auf der gesamten gewaltigen Baustelle wurden 1738 außer Maurern, Zimmerleuten und ihren Handlangern auch Soldaten und Gefangene eingesetzt. Der Grundstein für die repräsentative katholische Kirche im protestantischen Sachsen soll allerdings fast heimlich im Juli 1739 in aller Frühe gegen fünf Uhr gelegt worden sein. Im Juni 1751 wurde die Kirche, deren Turm noch fehlte, geweiht. Die Glocke durfte, auch als der Turm längst stand, der protestantischen Bevölkerung wegen nicht geläutet werden. Sie lag bis 1807 im Zeughaus. – Übrigens wohnten die am Bau beschäftigten Italiener zusammen in der Nähe der Baustelle. Man nannte ihre Unterkünfte das »Italienische Dörfchen«. Die gleichnamige Gaststätte am Elbufer erinnert heute daran.

1744 wurde der 1565 von Melchior Hauffe errichtete gewaltige Pulverturm abgetragen. Damit veränderte sich die Stadtsilhouette; aus den kräftigen, schweren Umrissen der vom Verteidigungsbau bestimmten Stadtansicht wurde allmählich eine leichte, beschwingte Silhouette – die eine wie die andere von italienischen Vorbildern entscheidend beeinflusst.

Bereits seit 1711, dem Jahr der Errichtung der höfischen Vergnügungsbauten im Zwinger, wurden Teile des Festungswalls auf der Residenzseite zur Nutzung an Privatpersonen vergeben, das betraf sowohl den Wall als auch die Kasematten und selbst den Festungsgraben, in dem seit langem Fischzucht betrieben wurde. Die Kasematten dienten als Pferdeställe, Lager, Eiskeller und Waschhäuser. Oben auf dem Wall wurde Wäsche gebleicht und getrocknet. Wohnräume wurden allmählich ein- und angebaut und zum Teil wieder vermietet. Es handelte sich bei diesen Vergaben aber um kleinere Wallabschnitte mit sozusagen bürgerlicher Nutzung. Den Löwenanteil an den

Festungsanlagen erhielt Graf Brühl, und der nutzte ihn nicht zum Wäschetrocknen.

Wenige Schritte hinter dem brühlschen Palais lag die Bibliothek des Grafen. Den bescheiden zweckmäßigen, ursprünglich eingeschossigen Bau ließ Brühl um 1751 aufstocken; der Buchbestand war offenbar schneller gewachsen als geplant. Nach den Universitätsbibliotheken von Leipzig und Wittenberg soll die Brühlsche Bücherei den umfangreichsten Bestand gehabt haben. Agenten im In- und Ausland, vor allem auf den Leipziger Messen, vervollständigten im Auftrag des Ministers die Sammlung. Bemerkenswert ist, dass Brühl seine Bibliothek Interessenten zugänglich machte. Für sie war ein besonderer Zugang von der Terrassengasse aus vorgesehen. - Der Bestand von rund 62 000 Bänden wurde nach Brühls Tod in den der kurfürstlichen Bibliothek eingegliedert. Allerdings waren die kostbarsten Bücher im Siebenjährigen Krieg vernichtet worden. Brühl hatte sie aus Sicherheitsgründen in ein Gewölbe der Jungfernbastion einmauern lassen. Als beim Beschuss der Stadt die durch das Gewölbe führenden Wasserleitungen beschädigt wurden, vermoderten die Bücher.

Es ist interessant, wie unterschiedlich Brühls Intensionen in jüngster Vergangenheit bewertet wurden. Glaubt Fellmann in seiner Brühl-Biographie an persönliche Leseinteressen des Grafen, so neigt Zumpe in seinem Buch mehr zu Eitelkeit und Prunksucht als Beweggründe für den Bibliotheksbau. Auf jeden Fall gehörten im Zeitalter Brühls Kenntnisse in der Fortifikation zur Ausbildung und Bildung. Das bezeugt zum Beispiel ein Gemälde von Pietro Graf Rotari, das den jungen Prinzen Albert von Sachsen (den Gründer der Albertina in Wien) mit einem Festungsgrundriss in den Händen darstellt. Die auf dem Bild gezeigte Fortifikationsmanier war Mitte des 18. Jahrhunderts, als das Bild gemalt wurde, überholt. Die Darstellung dokumentiert die Ausbildung des Prinzen, keinen

Prinz Albert Casimir.
Gemälde von Pietro Antonio Rotari, um 1755. Rüstkammer, Dresden

aktuellen Bauplan. Auch Brühl hatte Festungsliteratur in seiner Bibliothek - nicht um zu bauen. Die handschriftliche »Architectura militaris« eines unbekannten Autors (heute in der Handschriftenabteilung der Sächsischen Landes- und Universitätsbibliothek) war Bildungsnachweis, Bildungsgut. In der Realität war Brühl der Festungswall als Garten lieber denn als Fortifikationselement und sein Verhältnis zu den für die Verteidigung zuständigen Offizieren dadurch etwas belastet.

In den beiden Schlesischen Kriegen (1740-1742 und 1744-1745) gewann das Festungswesen für die sächsische Residenz wieder an Bedeutung. General de Bodt legte seine Bedenken hinsichtlich der vernachlässigten Dresdner Festungswerke schriftlich nieder, aber der König/Kurfürst reagierte nicht. Nach dem friedlichen Jahr 1743 änderten sich im Sommer 1744 die politischen Gruppierungen zuungunsten des Kurfürstentums. Preußen, jetzt im Kampf um Schlesien mit Frankreich, dem Kaiser (1742 war Kurfürst Karl Albert von Bayern als Karl VII. zum deutschen Kaiser gewählt worden), der Pfalz und Hessen-Kassel verbündet, verlangte unter dem Vorwand, als kaiserliches Hilfskorps zu handeln, Durchmarsch durch Sachsen. In aller Eile wurden Pläne zur Verteidigung Dresdens erarbeitet. Unter anderem sollten auf Hinweis des Generalfeldmarschalls Graf Rutowski (1702-1764, Sohn Augusts des Starken mit der Türkin Fatima) das Ravelin vor der Bastion Venus verstärkt, Brustwehr und Bankett auf der Bastion erhöht und der Graben insgesamt repariert werden. Im Westen der Stadt waren neue Werke vor dem Festungsgraben der Bastionen Sol und Luna vorgesehen, die Elbbrücke sollte durch ein Sperrwerk gesichert werden.

Aber Friedrich August II. befand sich in Warschau, alle Anweisungen trafen mit Verzögerung in Dresden ein.

Die Entscheidung in diesem Krieg fiel schließlich vor Dresden mit dem preußischen Sieg in der Schlacht bei Kesselsdorf am 15. Dezember 1745.

Friedrich August Graf Rutowski. Gemälde (Ausschnitt) von Louis de Silvestre, um 1740. Gemäldegalerie Alte Meister, Dresden

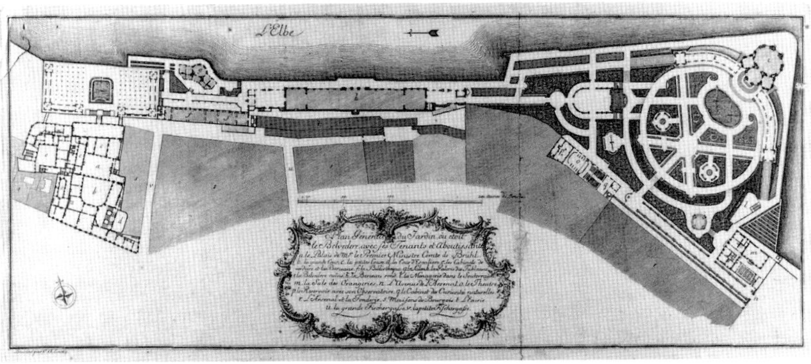

Die Brühlsche Terrasse. Generalplan von Christian Ambrosius Encke, um 1755. Landesamt für Denkmalpflege, Dresden

Im Oktober 1746 begann mit kurfürstlicher Erlaubnis die Bebauung an der Außenseite des Festungsgrabens, der Contrescarpe. Das war der Bruch eines Grundgesetzes im klassischen Festungsbau, das vorsah, das Vorgelände einer Festung für freie Sicht und freies Schussfeld unbebaut zu lassen.

Brühl hatte gesehen, welche hervorragenden gestalterischen Möglichkeiten der Wallkörper seinem erfindungsreichen Geist als gärtnerische Anlage bot. 1747 bat er um die »Distanz« vom Pirnaischen Tor im Osten der Stadt nach Süden, einschließlich der Bastion Jupiter, bis etwa die knappe Hälfte der Wallstrecke zur Bastion Mercur im Südwesten. Bevor der Kurfürst auch diesen Wallabschnitt an Brühl übergab, grassierten bereits Gerüchte über die geplante Schenkung unter den Offizieren. Im Sächsischen Hauptstaatsarchiv liegen der von Brühl eingereichte Plan mit dem gewünschten Abschnitt »so weit man sich solchen allerunterthänigst aus bittet« mit einem Briefwechsel dreier hoher Offiziere zusammen in einer Akte. In einem Schreiben schildert Graf Rutowski dem Oberzeugmeister Obrist Christian Friedrich Hiller die Lage: »Es haben Ihro Königl. Majt. Dero Premier Ministre und Generalen Hn Grafen Brühls Excell … den hinter … der

Chevalier de Saxe, (Johann Georg). Gemälde (Ausschnitt) von Louis de Silvestre, 1731. Gemäldegalerie Alte Meister

Moriz Straße ... befindlichen Vestungs Wall ... dergestalt ... geschencket daß ermeldter Dero Premier-Ministre und alle künfftigen Besizere berechtiget seyn sollen, ... damit nach eignem Gefallen zu schalten und zu walten, ... jedoch daß die zur Ablösung derer Schildwachten und sonst unumgänglich hin und wieder zu gehen habenden Soldatesque daselbst ohngehindert ... paßiren können. Da nun durch diese ... Distanz von Vestungs Wall, sowohl der Artillerie als denen Vestungs-BauGefangenen verschiedene Bequemlichkeiten entgehen, So wollen Mein Hochgeehrter Herr Obrister und Oberzeug Meister mit dhl. General Lieutenant Fürstenhoff in Überlegung ziehen, wie dieser Abgang anderer Orten wieder zu ersetzen ...« – Aber was für »andere Orte« am Wall blieben noch? Brühl besaß bereits die gesamte Nordseite des Festungswalls mit der Bastion Venus bis an die Oberzeugmeisterwohnung im Nordosten. Von hier bis zum Pirnaischen Tor war der Chevalier des Saxe (Johann Georg, 1704–1774, Sohn Augusts des Starken und der Fürstin Lubomirska) Nutzer, und den anschließenden Bereich im Südosten, einschließlich der Bastion Jupiter bis zur Schreibergasse, wollte oder hatte wieder Brühl.

Wie von Rutowski gewünscht, listeten Hiller und Fürstenhoff in einem »Ganz gehorsamster Vortrag« genannten Schreiben ihre Bedenken auf. Sie zeigten die sich für Offiziere und Mannschaften ergebenden Folgerungen aus der privaten Nutzung der betreffenden militärischen Anlage. Die wesentlichste war die Verlegung und Raumbeschaffung für die Baugefangenen aus der Bastion Jupiter. Dann mussten die 21 auf dem betreffenden Wallabschnitt aufgestellten Kanonen (zur letzten Vermählungsfeierlichkeit waren 48 Geschütze von hier abgefeuert worden) durch die Stadt auf die noch zur Verfügung stehenden beiden Bastionen Mercur und Saturn gebracht werden. (Die nordwestlichen Bastionen hinter dem Schloss waren wohl durch die Zwingerbauten nicht mehr unbeschränkt verfügbar). Das würde ein sehr teurer Umzug, weil vorher alle durch die Straßen führenden Schleusen vom Rat neu abgedeckt werden müssten, sonst könnten die schweren Kanonen einbrechen. Außerdem würden diverse neue Unterkünfte, Schuppen, Lager und eine Festungskirche, Labors und Werkstätten gebraucht. Die Offiziere wussten mittlerweile nicht mehr, wo sie den benötigten Platz dafür finden könnten. - Die Herren hatten ihren Herzen Luft gemacht. Allerdings war ihnen wohl bewusst, dass ihre Einwände nichts ändern würden, kamen sie in letzter Instanz doch auf den Tisch der Premierministers (seit 8. Dezember 1746), der den diskutierten Platz beanspruchte. Es blieb also nur dabei, dass auch vom Grafen Brühl ein Schlüssel abzugeben sei von seinem Garten, damit die Wachen und Rondengänger Zutritt zu den Anlagen hatten.

Auffallend ist, dass bei diesen vielen Einwänden die Offiziere keine verteidigungstechnischen Bedenken erhoben, auch die Kanonen wurden hier nur wegen der Salutschüsse erwähnt. Dabei hatte man gerade erst die Preußen im Lande gehabt.

Brühls Bauten auf dem Wall

Graf Brühl konnte in Ruhe an die gärtnerische und architektonische Gestaltung seines Wallbereichs gehen. Und das fiel ihm nicht schwer, denn »Was immer er baut, er baut es als leitender Minister - als Chef der Hofbeamten, zu denen auch etwa vierzig besoldete Maler und Kupferstecher gehörten, als Chef der Exekutive und damit der Architekten, als Chef der Finanzen und damit als Verantwortlicher für die Staatsaufträge, als Chef der Lustbarkeiten und dadurch mit Aussicht auf Zuschüsse des Hofes. An Brühls Privatbauten wirkt jeder gern mit, sei es auch nur in Erwartung lohnenderer Aufträge«, meint Fellmann. – »In nur wenigen Jahren verwandelte sich die Elbfront dank der Bauleidenschaft Brühls und der großzügigen Förderung seines Königs in ein abgeschlossenes Areal einer exklusiven adeligen Gesellschaft«, urteilt Manfred Zumpe in seinem Buch über »Die Brühlsche Terrasse in Dresden«.

Fritz Löffler hob die beglückende Zusammenarbeit des Bauherrn Brühl mit Johann Christoph Knöffel, dem Begründer des so genannten Dresdner Rokoko, hervor. »Betrachtet man die Resultate dieser Zusammenarbeit, die etwas über zwölf Jahre währte«, schrieb Löffler, »so muß man feststellen, daß sich hier Bauherr und Baumeister in einer selten glücklichen Übereinstimmung befunden und sich wohl gegenseitig in ihren Ansprüchen und Leistungen gesteigert haben.« Zumpe beurteilt das Wirken Knöffels wie folgt: »Knöffel verstand es, die klassizierende Strenge Longuelunes durch eine weichere Eleganz und rokokohafte Anmut den heimischen Traditionen und Empfindungen näherzubringen und bestimmte mit diesem ganz persönlichen Stil das Bauen in der Stadt Dresden bis in die sechziger Jahre. Durch sein Wirken erhielt die Dresdner Architektur dieser Zeit jene charakteristische Vornehmheit und Eleganz, die heute nur noch an wenigen Bauten ablesbar ist.«

Interessanterweise kam Knöffel, ebenso wie der zur gleichen Zeit, jedoch in städtischen Diensten tätige George Bähr, nicht über ein Studium, sondern durch die handwerkliche Ausbildung als Baumeister zur Architektur.

Bevor mit den zivilen Verschönerungsarbeiten auf dem Wall im großen Rahmen begonnen wurde, ließ Brühl die zu seiner Zeit immerhin rund 200 Jahre alten Festungsgewölbe und Bastionshöfe aus statischen Gründen mit Erde zuschütten und überwölben. Damit blieben sie erhalten.

Zu den Festungswerken gehört auch die Piatta Forma, ein leicht vorspringendes, kleines Verteidigungswerk, das im 16. Jahrhundert zur Sicherung der langen Wallstrecke

Dresden vom rechten Elbufer oberhalb der Augustusbrücke. Gartenpavillon, im Hintergrund Bibliothek und Palais Brühl. Gemälde (Ausschnitt) von Bernardo Bellotto, genannt Canaletto, 1747. Gemäldegalerie Alte Meister, Dresden

zwischen Bastion und Brücke gebaut worden war. Was ursprünglich zur besseren Seitenverteidigung dienen sollte, bot auch einen balkonartigen Ausblick. Der Festungskörper erinnert im Grundriss an ein »T«. Knöffel rundete die rechte Schulter des »T« freundlich ab und baute an dieser Stelle einen reizenden, noblen Gartenpavillon, dessen Mitte ein ovaler Saal bildete. Auf den Gemälden Canalettos ist zu sehen, wie der Mittelteil auf der auskragenden Schulter der Piatta Forme hervortritt. Es war dadurch eine Art Austritt entstanden, der den Panoramablick von dieser Stelle aus noch einmal erweiterte.

Als der Kurfurst 1742 Brühl eine weiteres Wallstück geschenkt hatte, ließ der östlich neben dem Gartenpavillon an der Elbseite des Walls von Knöffel ein Galeriegebäude für seine Gemälde errichten. Die südliche stadtwärtige Hausfront war geschlossen, dadurch konnte das ruhige Nordlicht durch hohe Terrassentüren ins Innere gelangen

Brühls Gemäldegalerie. Gemälde (Ausschnitt) von Bernardo Bellotto, genannt Canaletto, 1747. Gemäldegalerie Alte Meister, Dresden

und blendfrei die Gemälde ausleuchten. Neben Bildern von Rembrandt und Rubens hingen hier vor allem die von Canaletto. Der königlich-kurfürstliche Hofmaler Bernardo Bellotto, genannt Canaletto (1720–1780), der laut Vertrag dem Kurfürsten jeden Monat ein Bild malen musste, lieferte eine Replik (eine vom Künstler selbst gefertigte Nachbildung des Originals) an Brühl, dem er auch verpflichtet war. Das Gebäude wurde deshalb später auch als Doublettensaal bezeichnet.

Zum Zeitpunkt von Brühls Tod sollen hier beinahe 850 Gemälde gehangen haben. Die meisten von ihnen kaufte 1768 Zarin Katharina II. von Brühls Erben.

Das Galeriegebäude wurde später für Kunstausstellungen von der Akademie genutzt. Der zurückhaltende, noble Bau der Gemäldegalerie stand in einem ausgewogenen Verhältnis zum Wallkörper, an dessen Fuss die Elbe entlangströmte.

Der dreifenstrige Mittelteil der Galerie war gestalterisch hervorgehoben und wurde durch eine balkonartig auskragende Platte am Wall zusätzlich betont. – 1813 führten die Franzosen hier Musterungen durch und ließen Uniformen nähen. 1814 tanzten die Russen im Galeriegebäude. 1884 wurde die Gemäldegalerie abgerissen, um Baufreiheit für das Kunstakademie- und Ausstellungsgebäude zu erhalten.

Auf dem Areal der großen alten Bastion ließ Brühl den eigentlichen Gartenraum mit dem Delphinbrunnen und einem Belvedere anlegen. 1747 hatte eine Explosion das kurfürstliche Lusthaus aus dem 16. Jahrhundert zerstört. Ganz ungelegen kam dieser Vorfall dem Grafen Brühl wohl nicht. Als er 1748 auch diesen Teil des Elbwalls erhalten hatte, begann er umgehend mit der Neugestaltung. Die von verteidigungstechnischen Aspekten (Anlage zur Aufstellung von Geschützen, die Erhöhung des Kavaliers auf der Bastion, Auftritte für die Soldaten mit Handfeuerwaffen) geprägte Oberflächengestaltung musste einer Gartenanlage weichen, deren Krönung der Bau eines zweiten Belvederes darstellte. Zumpe rühmt dieses Alterswerk Knöffels als ein »Meisterwerk von erlesener Schönheit«. Wie auch im »Vorgarten«, verbanden grün berankte Lattengänge Garten und Gebäude. Eine halbkreisförmige Treppe mit flachen Stufen führte zum Belvedere. Zwei Spinxfiguren (von Gottfried Knöffler, 1715–1779) mit anmutigen Reiterinnen flankierten den Zugang. – Das Belvedere von Brühl saß nicht mehr wie das alte Lusthaus direkt auf dem Mauerwerk der Bastionsecke auf, sondern es war leicht zurückgenommen und ließ einen schmalen Wallgang frei. (Ein für die Wachen zugänglicher, um die Festung verlaufender Gang war von den Militärs gerade wegen der privaten Nutzung der Wälle immer wieder gefordert worden.) Ob der Gang nun ein Eingehen auf die Forderungen der Offiziere oder aber ein gestalterischer Aspekt war, mag dahingestellt bleiben. Geschütze sollten

Brühls Belvedere.
Gemälde (Ausschnitt) von Bernardo Bellotto, genannt Canaletto, um 1752. Gemäldegalerie Alte Meister, Dresden

Brühls Belvedere von der Gartenseite. Lithographie

hier, wenn es nach Brühls Diplomatie ging, wohl nicht mehr aufgestellt werden.–

Ebenerdig lag eine saalartige Grotte für Feiern in der heißen Sommerzeit. Darüber befand sich der eigentliche, ellipsenförmige Festsaal. Drei kleinere, ebenfalls repräsentative Räume schlossen sich der Gartenseite an, dazu kamen Funktionsräume wie eine kleine Kaffee- oder Teeküche, Toiletten, versteckte Wendeltreppen für die Diener. Die Arbeiten an der reichen Innenausstattung zogen sich bis in die Mitte der Fünfzigerjahre hin, aber hier wirkten auch die besten Bildhauer, Maler und Stuckateure Dresdens.

Um 1755 ließ Brühl über dem eingemauerten Ziegeltor an der stadtwärtigen Wallseite sein kleines Theater errichten. Das einfache Gebäude war nur für die warme Jahreszeit gedacht. Den relativ flachen, zweigeschossigen Theaterbau schloss nach Westen ein Wasserhaus ab, ein turmartiges Gebäude mit einem für die Speisung der Wasserkünste auf dem Wall notwendigen Speicher. 1886 wurde das Theater abgerissen.

Ansicht der Brühlschen Terrasse. Lavierte Bleistiftzeichnung von Alexander Thiele, um 1745. Landesamt für Denkmalpflege, Dresden

»Suum cuique«

Die gleichermaßen entzückenden wie repräsentativen Bauten Brühls bestimmten seither die Wasserseite Dresdens ganz wesentlich. Die bisherige Stadtsilhouette von der Elbseite her hatte sich sowohl durch die Abtragung des schweren Pulverturms 1744 als auch durch den überwältigenden Kuppelbau der neuen Frauenkirche (1726–1743) des Ratszimmermeisters George Bähr und die hoch aufragende Hofkirche grundlegend verändert. Das alte Maternihospital hinter der Frauenkirche wurde 1745 abgetragen. Im gleichen Jahr ließ der Kurfürst das Stallgebäude am Jüdenhof als Bildergalerie umgestalten. – Das Areal um Jüdenhof und Neumarkt wurde modernisiert. Auch auf dem Altmarkt wurde gebaut, 1745 entstand hier ein neues Rathaus.

Es war eine reiche, wegen ihrer Schönheit berühmte Stadt, in die am 18. Dezember 1745 König Friedrich II. von Preußen, der Sieger der Schlacht von Kesselsdorf, einzog.

Im dritten Schlesischen, dem Siebenjährigen, Krieg fiel Preußen erneut und ohne Kriegserklärung in Sachsen ein. Auf die so anmutig gärtnerisch gestalteten Wälle wurden wieder Kanonen gerollt. In der neuen Frauenkirche ließ Friedrich II. über das Thema »Suum cuique« (Jedem das Seine) predigen.

1758 und noch einmal 1759 wurden die Dresdner Vorstädte abgebrannt. Am 20. November 1759 konnten Österreicher und Sachsen das Fincksche Korps der preußischen Truppen bei Maxen gefangen nehmen, der so genannte Finckenfang. Danach zog sich der österreichische Feldmarschall Daun aber wieder zurück und schrieb seiner Kaiserin Maria Theresia wenig optimistisch, bei dem nächsten preußischen Angriff auf Dresden könne er vielleicht »die Wälle, aber nicht die Techer deffendiren«. Die jahrhundertealten Wälle stellten also immer noch eine gewisse Hürde dar. Als aber am 13. Juli 1760 Dresden die von Preußen geforderte Kapitulation verweigerte, begann die Beschießung der Stadt und der Angriff auf die Festungswerke. Er wurde zwar abgewehrt, doch bei dem Beschuss verbrannten – nach den Vorstädten – nun zum großen Teil auch die innerstädtischen Gebäude, darunter die Kreuzkirche. Die Einwohner mussten hilflos zusehen, weil preußische Truppen die aus dem Süden vor der Stadt herkommenden Wasserleitungen unterbrochen hatten und dadurch das Löschwasser fehlte.

1761 erschien ein Kupferstichwerk über das Belvedere von dem Dresdner Stecher Michael Keyl. Die Übersetzung des französischen Titels lautet: »Das Belvedere, das der Premierminister, Seine Excellenz Graf von Brühl im Jahr 1751 erbauen ließ. Diese Zierde Dresdens, diese kostbare Perle der Architektur, wurde auf Befehl Seiner Majestät des Königs von Preußen im Jahr 1759 völlig zerstört … Man soll die Werke, die der Menschheit zur Ehre gereichen und die den Alltag durch ihre Schönheit erhöhen, erhalten. Was erreicht man damit, wenn man sie zerstört? Es bedeutet, sich zum Feind des Menschengeschlechts zu machen, wenn man solche Vorbilder eines erlesenen Geschmacks … zunichte macht« (zitiert nach Zumpe). Der Text ist zeitgenössisch und gibt die Gedanken der Menschen wieder, die Brühl zwar wohl nicht liebten, die aber überhaupt nicht verstanden, ja es verachteten, wie Brühls

Feinde mit den bewunderten, kunstvollen Bauten umgingen.

Im Februar 1763 war der Siebenjährige Krieg beendet. Preußen plünderte Sachsen aus: das Porzellan aus Meißen wurde verhökert, die Damastweber aus Großschönau nach Preußen umgesiedelt, Wälder abgeholzt und verkauft. Die sächsische Residenz war zu mehr als der Hälfte zerstört, abgebrannt im doppelten Sinne des Worts. Trotz oder vielleicht auch wegen der verzweifelten Lage des Landes machte Kurfürst Friedrich August II. sich Gedanken über den Wiederaufbau Dresdens, wobei die Frage Abtragen oder Erhalten der Festungswerke eine entscheidende Rolle spielte. Als wichtigste Voraussetzung für die Mitarbeiter der Dresdner Festungsdemolierungskommission im Jahre 1763 zählte Verschwiegenheit. Ihre Aufgabe bestand in der Klärung der Fragen, ob es dem Kurfürsten und dem Land dienlich und der Stadt von Nutzen sei, die Dresdner Festungswerke zu demolieren und den Graben auszufüllen oder ob es besser sei, die Festung zu erhalten. Welche Schwierigkeiten entstünden bei der Abtragung der Werke durch die Verbindung der Stadt mit den Vorstädten? Reichten die Erd- und Steinmassen der Wälle, um die Gräben auszufüllen? Welche Mittel gab es nach einer Schleifung der Festungsanlagen, die Residenz sowohl gegen feindliche Einfälle als auch gegen Plünderungen in Kriegszeiten zu sichern? – Die Kommissionsmitglieder, an ihrer Spitze der Chevalier de Saxe und Oberlandbaumeister Julius Heinrich Schwarze, sollten ihre Meinung zu diesen Fragen frei und ohne alle Befürchtungen äußern. Als sich im Mai auch Graf Brühl in dieser Angelegenheit an den Chevalier als Kommandierenden General und Gouverneur von Dresden wandte, antwortete der ihm, dass bereits eine Militärkommission zu dieser Problematik eingesetzt worden sei und dass ein Gutachten von Oberlandbaumeister Schwarze vorliege, »wie diese von Ihro Königl. Majt. geäußerte allerhöchste intention am füglichsten und

leichtesten erreicht werden könne«, wie andere Gutachten jedoch »ganz divers« ausgefallen seien. Der Chevalier sandte in der Anlage die Gutachten an Brühl mit der Bitte, »Dero Sentiment gütigst wißend zu machen«. - Daraus entwickelte sich ein lebhafter Schriftverkehr zwischen beiden Herren um Details der Durchführung. Kern der zahlreichen Probleme war die Kostenfrage. Der Chevalier überlegte, ob die Landesobrigkeit oder die »Grundbesitzer«, die das Areal nutzten, die Demolierungskosten tragen sollten. Vor Beginn der Arbeiten müsste allerdings geklärt werden, an welcher Stelle mit der Abtragung begonnen werden soll und was mit den anfallenden Steinen von Mauern und Gewölben geschieht. Sie könnten gut zum Bau der benötigten großen Schleuse verwendet werden.

Beim Lesen der Dokumente hat man manchmal den Eindruck, die leitenden Herren wussten gar nicht, was in der Stadt wirklich passierte; denn Oberlandbaumeister Schwarze teilte dem Chevalier mit, dass die Zuschüttung des Grabens doch bereits begonnen habe und zwar durch die Grundbesitzer selbst, »nemlich inwendig an der Wallmauer«, mit der einzigen Bedingung, »daß die 3. Commun-Schleußen, so unterm Wilsdruffer = Thore, Haasenberge und Frau Mutter = Hause herauskommen, nicht bedecket werden, bis deren Übernahme und Überbauung von hiesigem Rathe ... nebst der Hauptschleuße längst der Contrescarpe reguliret sey wird«. Die Bürger sollten die Unmengen Brandschutt von dem preußischen Bombardement an der Wallmauer oder an der Pirnaischen und der Seetorbrücke abkippen, damit die unbequemen Aufzugsbrücken möglichst schnell wegfallen könnten. Die Besitzer, schlug Schwarze weiter vor, sollten Mauern und Gewölbe weiter nutzen, die Steine verwenden, wenn sie selber die Wälle abtrügen. Zum Planieren des Brandschuttes könnten Baugefangene eingesetzt werden. »Dieses ist ein Mittel die Gaßen vom Schutte zu beräumen, und die publiquen Plätze zu erlangen.«

Wenige Tage später wandte sich Schwarze an Brühl, wobei es hauptsächlich um die Abstimmung mit dem Rat beim Schleusenbau ging. Die große Schleuse sollte alle »Unreinigkeiten« aus Stadt und Vorstädten aufnehmen und einerseits oberhalb der Stadt bei der Jungfernbastion und andererseits unterhalb beim Ausfall (an der Bastion Sol) in die Elbe abführen. In Abständen sollten Öffnungen und Treppen zur Beräumung der Schleuse angebracht werden. Zwar seien die Kosten beträchtlich, dafür brauchte der Rat dann aber auch den teuren Unterhalt der Festungsbrücken nicht mehr zu bestreiten und könne überdies vom Pirnaischen und Seetor Baumaterial verwenden. Sollte die Stadt mehr Schleusen verlangen, ginge deren Bau auf Kosten der Kommune. Kostensparend sei es, die Contrescarpe (Außenseite des Festungsgrabens) als eine Seite der neuen Schleuse zu verwenden.

In seinem Antwortschreiben vom 27. Juni ging Brühl auf alle Fragen ein: Die Residenz sollte zwar mit den Vorstädten verbunden werden, doch stellten sich diesem Vorhaben große Schwierigkeiten entgegen – die Lösung der Kostenfrage für die Eigentümer, die die Demolierung durchführen sollten. Ihnen gehörten sowohl Wall als auch Steine. Weil sie sie geerbt hatten, könnten sie darüber verfügen. –

Der Bau einer Hauptschleuse, meinte Brühl, sei nötig für die Trockenlegung des Grabens, zuständig sei der Magistrat. Weil der Festungsgraben wegen infizierender Ausdünstungen nicht lange ohne Wasser bleiben könne, sollte, wo bereits begonnen worden sei, weiter verschüttet werden, vor allem an den Wallmauern und an der Pirnaischen und der Seetorbrücke. – Die eingesetzten Infanteristen sollten zur Löhnung noch einen Zuschuss erhalten. Allerdings dürfte es mit der ganzen Sache wohl »so geschwinde nicht von statten gehen«. Womit Brühl Recht behielt. In ihrem abschließenden Bericht vom 10. August 1763 schlussfolgerten die Räte, dass die Kosten der Aktion die gegen-

Blick auf Dresden von Nordosten. Stich, Anfang 19. Jahrhundert

wärtigen Kräfte der Kämmerei überstiegen. Aus gesundheitlichen Gründen müsse jedoch das Grabenwasser durch einen Kanal abgeleitet werden. Hier sei schnelle Hilfe nötig, denn der Stadtgraben sei bereits zur Hälfte verfüllt.

Mehr ging nicht. Zu den Kriegszerstörungen waren unglaubliche Münzverschlechterungen gekommen, schließlich auch Kontributionszahlungen. Die Lasten trug wie immer vor allem die Bevölkerung. »So kann Sachsens Niedergang eigentlich kaum verwundern. Nur wäre es eine doch zu flüchtige Deutung, die Katastrophe auf den Einfall Preußens und die Folgeerscheinungen zu reduzieren. Der Krieg trifft ein in überholten gesellschaftlichen Verhältnissen erstarrtes Land, ein Neuaufbau ist eher geboten denn ein Wiederaufbau«, beurteilt Fellmann die Lage. Am 5. Oktober 1763 starb Friedrich August II. Sein Sohn Friedrich Christian, ein erklärter Feind Brühls, folgte ihm in der Regierung (5. Oktober bis 23. Dezember 1763). Kein Minister, sondern die Kurfürstin übernahm nun offiziell die Leitung der Finanzen des Landes. Am 13. Oktober enthob Friedrich Christian den Grafen Brühl aller Ämter, am 28. Oktober starb Brühl – hier darf man wohl von

Treppe zur Brühlschen Terrasse mit Blick auf die Neustadt. Radierung von Carl August Richter

einem gnädigen Tod sprechen. Brühls engste Mitarbeiter wurden unter Arrest gestellt, seine Besitztümer und Unterlagen versiegelt.

Unter den in Brühls Testament angegebenen Immobilien nimmt sich die »Terrasse« mit einem angegebenen Wert von 2450 Talern sehr bescheiden aus – im Verhältnis zum Dresdner Palais mit 180 000 Talern, seinem berühmten Porzellan im Wert von 27 214 Talern oder den Kronleuchtern und Spiegeln von 13 405 Talern Wert.

Die durch den Bau der Freitreppe 1814 ermöglichten bequemen Spaziergänge auf der Brühlschen Terrasse wurden von der Bevölkerung offenbar mit Vergnügen angenommen. Eine Folge davon war der allgemeine Wunsch nach dem Wiederaufbau des zerstörten Belvedere. Christian Friedrich Schuricht (1753–1832), ab 1816 Oberlandbaumeister), lieferte mehrere Entwürfe, die sparsamste Variante wurde 1814 gebaut.

Dresden-Altstadt von der Neustadt aus. Lithographie von Hans Anton Williard, um 1860

Schon sehr bald war man weder mit ihrer bescheidenen Gestaltung, der Größe des Gebäudes, noch mit der angestrebten Funktion, einer gastronomischen Betreuung der Spaziergänger, zufrieden. 1842 wurde dieses dritte Belvedere abgetragen. Der königliche Hofbaumeister Otto von Wolframsdorf (1803-1849) erhielt nun den Auftrag, ein viertes Belvedere zu bauen, das im gleichen Jahr fertig gestellt wurde. Es war ein großer, zweigeschossiger Bau mit Festsälen, Gesellschaftsräumen und Küchen. Durch die Zurücknahme des Obergeschosses war ein Austritt für den berühmten Blick über das Elbtal gewährleistet. Die Inneneinrichtung stand an Luxus und Kostbarkeit den Bauten des zur gleichen Zeit in Dresden tätigen Gottfried Semper nicht nach. - An der Gartenseite des Belvedere flankierten die beiden Sphinxe vom brühlschen Belvedere den Zugang. Das Gebäude stand bis zum 13. Februar 1945. Nur die Sphinxe überstanden das Inferno.

Das dritte Belvedere von Christian Friedrich Schuricht. Kupferstich von Philipp Veith

Es war schon eine illustre und exklusive Gesellschaft, die im 18. Jahrhundert auf dem alten Festungswall verkehrt hatte.

König/Kurfürst Friedrich August I., das Ideal der sächsischen Hofgesellschaft schlechthin, hatte für seine berühmten Feste neben anderen Plätzen auch den Zwingerbereich ausgewählt und hier eine ganz spezielle Festarchitektur errichten lassen. Eine Generation später baute nicht sein die Zurückgezogenheit suchender Sohn, sondern dessen die Feste und die Repräsentation liebender Minister Graf Brühl ebenfalls auf Festungsgelände Vergnügungsbauten – erhöht jetzt und für eine geschlossene Gesellschaft. In beiden Fällen lässt die private, festliche Nutzung im 18. Jahrhundert die ursprüngliche Wehrfunk-

Das vierte Belvedere von Otto von Wolframsdorf, 1842

tion des Geländes nahezu völlig vergessen, selbst die Namen suggerieren heute andere Inhalte. Hier hatten Kunst und Schönheit über kriegerische Zweckbauten gesiegt, aus dem Zeughaus wurde die Gemäldegalerie »Albertinum«, aus den Waffenplätzen zwischen den Festungsmauern der »Dresdner Zwinger«, aus dem abweisenden Elbwall die »Brühlsche Terrasse«.

Damit endet das Kapitel, das die historischen Gebäude, Festungs- und Gartenanlagen beschreibt. Alle heute noch zu besichtigenden Bauten und Sehenswürdigkeiten – meist im 19. und 20. Jahrhundert entstanden – werden mit ihrer wechselnden Nutzung im nachfolgenden Rundgang über die Brühlsche Terrasse beschrieben.

Folgende Doppelseite:
Die so genannte Dresdner Kulturmeile im Abendlicht

LINIE 6
STEIGER

Die Brühlsche Terrasse - Ein Rundgang mit Geschichte

Wenn man von der Kathedrale - der alten katholischen Hofkirche - auf die Brühlsche Terrasse zugeht, liegt vor einem der jüngste Teil der gesamten Anlage, die schöne 1814 gebaute Freitreppe.

Nachdem ursprünglich zwei Löwen (jetzt im Großen Garten) den Aufgang schmückten, wurden 1868 die Figurengruppen »Die vier Tageszeiten« von Johannes Schilling (1828-1910) hier aufgestellt. Oben links, an der Elbseite, steht der Morgen als junge Frau mit dem Morgenstern an der Stirn. Eine der zwei Mädchenfiguren zu ihren Seiten träufelt Morgentau auf eine Lilie, ein Zeichen für Unschuld und Frische. - Oben rechts steht für den Tag ein junger, von zwei Knaben begleiteter Mann mit den Symbolen des Ackerbaus. In der erhobenen rechten Hand hält er den Siegerkranz. - Der Abend, unten links zur Elbe, in der Figur eines kräftigen Mannes trägt über einem Eichenkranz den Abendstern auf dem Haupt. Die beiden Mädchenfiguren neben ihm stehen für Musik und Tanz als schöne Freizeitbeschäftigung nach einem arbeitsreichen

Die vier Tageszeiten. Figurengruppen von Johannes Schilling, 1868.
Von links:
Morgen, Mittag, Abend und Nacht

Tag. – Die vierte Figur, eine mit einer Mondsichel bekrönte Frau mit Schlaf und Traum zu ihren Seiten, symbolisiert die stille Nacht. Alle Figuren waren ursprünglich aus Sandstein, sie wurden 1908 jedoch durch Ausführungen in Bronzeguss ersetzt. Im Jahr 2000 sind sie restauriert worden.

Erst mit dem Bau dieser Treppe war die anfangs nur dem Militär, dann dem höfischen Adel vorbehaltene Wallanlage für die Öffentlichkeit als Flaniermeile bequem zugänglich geworden. – Die Demolierungskommission hatte bereits 1809 vorgeschlagen, vom Schlossplatz aus den Wallgarten durch eine Treppe zu erschließen. Bis dahin war er nur vom brühlschen Palais aus beziehungsweise durch einen kleinen Zugang über die brühlsche Bibliothek vom Terrassengässchen her zu betreten oder über die Rampe des Militärs im Nordosten am Zeughaus. 1809 war der Treppenbau wohl vor allem wegen der Kriegsereignisse der folgenden Jahre unterblieben. 1814 griff Fürst Repnin-Wolkonski, der nach der Völkerschlacht bei Leipzig im Oktober 1813 in Sachsen eingesetzte russische Generalgouverneur, den Vorschlag auf. Er beauftragte den Hofbaumeister Gottlob Friedrich Thormeyer (1757–1842) mit dem Entwurf und dem Bau der Freitreppe. Nach nur vier

Brühlsche Gartentreppe.
Kupferstich von
Carl Gregor Täubert,
um 1845

Monaten Bauzeit war die Treppe im gleichen Jahr 1814 fertig gestellt.

Rechterhand oben auf dem Wall steht das Sächsische Ständehaus, das zwischen 1901 und 1907 von Paul Wallot (1841–1912) errichtete alte Landtagsgebäude. Es beherbergt heute das Oberlandesgericht und das Landesamt für Denkmalpflege. An seiner Stelle stand im 18. Jahrhundert das Palais Brühl. (Das neue Landtagsgebäude von Peter Kulka befindet sich einige hundert Meter stromab hinter der Semperoper.)

Wenige Schritte weiter – wie vor Jahrhunderten führen einige Stufen vom brühlschen Vorgarten hinunter – liegt die schöne Sekundogenitur an der Stadtseite des Festungswalls. Das Gebäude gehört heute zum Hotel »Hilton«. Man kann, wie einst der Hochadel, hier seinen Kaffee trinken und den Blick über die Elbe genießen.

Der Name »Sekundogenitur« weist auf die Nutzung durch den Zweitgeborenen des Hauses Wettin hin.

»Sekundogenitur«, heute genutzt vom Hotel »Hilton«

Sie vermittelt wohl als einziges von allen heute auf dem Wall stehenden Gebäuden in Abmessung und Gestaltung das Gefühl der brühlschen Bebauung aus der Mitte des 18. Jahrhunderts. Hier hatte die Bibliothek des Grafen Brühl gestanden. 1786 wurde das Gebäude für eine Nutzung als Kunstakademie umgestaltet, wobei der vorhandene Platz knapp war und für die Meisterateliers nicht ausreichte. Als durch den Neubau der Kunstakademie das Haus wieder zur Verfügung stand, wurde hier ab 1896 die Gemäldesammlung der Sekundogenitur durch Hofbaumeister Gustav Frölich (1859–1935) eingerichtet. Nach dem Erbrecht des königlichen Hausgesetzes wurden die Gemälde in der Linie des zweitgeborenen Prinzen weiter vererbt. Falls dieser den Thron bestieg, fiel die Sammlung unter Ausschluss des jeweiligen Thronfolgers an den nächstältesten Prinzen. – Die Gemälde wurden bei der Bombardierung 1945 zum größten Teil vernichtet, das Haus brannte bis auf die Umfassungsmauern aus. 1955

Altes Gebäude der Kunstakademie. Nach einer Lithographie, um 1840

begannen erste Sicherungsmaßnahmen. 1964 war die historische Hülle mit moderner Innenausstattung durch die Architekten Gunter Gruner, Volker Benedix und Krista Grunicke wiederhergestellt.

Von der Terrassengasse aus führt ein schönes Portal mit dem eine Trinkschale zum Mund führenden Faun in die Gewölbe, die heute zum Wettiner-Keller des »Hilton« gehören. Das Portal stand früher an der Hellerschänke im Dresdner Norden. Ursprünglich war es der Eingang zu dem Weinkeller des Ehepaares, dessen Initialen auf dem

Trümmer der Brühlschen Terrasse und der Kunstakademie. Zustand Februar 1951

Portal stehen: W(olf) D(ietrich) V(on) E(beling) - J(ohanna) C(hristina) G(eb.) P(flugk).

An der Elbseite der Brühlschen Terrasse erinnert eine Gedenktafel an die Königlich-Technische Bildungsanstalt, die hier 1828 in dem umgestalteten Gartenpavillon Brühls untergebracht wurde. Aus ihr ging die heutige Technische Universität hervor. - Als die Bildungsanstalt aus Platzgründen das Gebäude verlassen musste, wurde es zum Atelier des Bildhauers Ernst Rietschel (1804-1861) umgebaut und nach dessen Tod 1872 abgebrochen. Der Bildhauer Johannes Schilling (1828-1910) schuf zum Andenken an seinen Lehrer 1875 das Rietschel-Denkmal, das heute hier steht.

Es lohnt sich, einen Blick auf das wunderschöne schmiedeeiserne Geländer aus der Zeit um 1745 zu werfen, das den Wall graziös und denkbar unmilitärisch einfasst.

Zwischen Sekundogenitur und Kunstakademie, über dem Straßendurchbruch der Münzgasse, liegt ein modernes Bastionsdenkmal besonderer Art, geschaffen von dem Dresdner Bildhauer Vinzens Wanitschke. Es symbolisiert die Erde im »Aufbruch« und ihre Beziehung und Verbindung zu den einzelnen Planeten, deren Götternamen die Dresdner Bastionen seit 1721 trugen. Die Inschriften der Bastionen lauten wie folgt: Venus (Göttin der Liebe): »Liebe braucht keine Gesetze«; Mars (Kriegsgott): »Krieg verzehrt was Friede beschert«; Jupiter (Göttervater): »Die Götter geben ihre Güter keinem Faulen«; Mercur (Gott des Handels): »Ein schlechter Handel, wo niemand gewinnt«; Saturn (Gott der Saaten): »Die Ernte der Weisen dauert das ganze Jahr«; Luna (Mondgöttin): »Was kümmert's, wenn mich die Hunde anbellen« und Sol (Sonnengott): »Ich wirke, ohne zu reden«. 1990 wurde die Anlage der Öffentlichkeit übergeben, sie soll an die Lage der ehemaligen Bastionen erinnern.

Rechterhand, an der Stadtseite des Walls, beginnt ein pompöser Bau, der Kunstakademie und Ausstellungsge-

Folgende Doppelseite:
Blick von Brühls »Vorgarten« nach Osten auf die neue Kunstakademie, im Vordergrund an der Stelle des Gartenpavillons das Rietschel-Denkmal

bäude des Sächsischen Kunstvereins in einem zusammenhängenden Komplex umfasst. Im Gegensatz zu den Bauten Brühls, die meist geradezu leicht und zierlich auf dem Wall lagen, wurde dieser monumentale Baukörper an der Stadtseite vor dem Wall errichtet und stützt sich mit seinem Obergeschoss auf den Wall.

Vor Baubeginn wurde der stadtseitige alte Bastionszugang zugeschüttet, und auf dem Wall musste das kleine Café Reale von Otto von Wolframsdorf (1803–1849) abgetragen werden, das in Gestalt eines griechischen Tempels die Dresdner Feinschmecker anzog. Richard Wagner, Gottfried Semper, Robert Schumann und Ludwig Richter sollen sich wie viele andere Dresdner von den Pasteten des Konditors Torniamento haben verlocken lassen.

Wenn man von der Kunstakademie zur Kathedrale schaut, merkt man, wie geradlinig die Wallbebauung nach Westen verläuft und wie in östlicher Richtung zwischen Kunstakademie und Kunstausstellungsgebäude die Bebauung förmlich umknickt, weil sie dem hier ebenfalls geknickten renaissancezeitlichen Mauerverlauf folgt (die Innenseite der alten Bastion). Es ist interessant, wenn in der Ausrichtung moderner Bauten die Spuren der Vergangenheit zu finden sind.

Café Reale von Otto von Wolframsdorf und Ausstellungsgebäude (ehem. Brühls Gemäldegalerie). Fotografie von Hermann Krone, 1884. Stadtmuseum Dresden

Ausstellungsgebäude
des Neuen Sächsischen
Kunstvereins

Dem gewaltigen Baukörper von Akademie und Ausstellungsgebäude setzte sein Architekt Konstantin Lipsius (1832-1894) eine gläserne, von einer »Fama« gekrönte Kuppel auf, die von Zeitgenossen sofort als wenig glückliches Pendant zur Kuppel der Frauenkirche empfunden wurde.

Nach den Zerstörungen vom 13. Februar 1945 folgten jahrzehntelange Aufbauarbeiten an der nunmehrigen »Staatlichen Akademie der Bildenden Künste«. Heute gehört die »Zitronenpresse« doch irgendwie zum Stadtbild, und wenn abends das gläserne Dach von innen heraus leuchtet, übt es schon einen ganz bestimmten Reiz aus.

Der gesamte Bau ist überaus reich mit figürlichem Schmuck versehen und entspricht damit dem Geschmack des ausgehenden 19. Jahrhunderts und dem Geldbeutel eines erfolgreichen, wohlhabenden Bürgertums, dessen siegreicher Kaiser Anspruch auf Weltgeltung erhob. Im Verhältnis zur Brühlschen Terrasse, deren grazile Bebauung

Folgende Doppelseite:
Brühlsche Terrasse
mit Kunstakademie und
Baustelle der Frauenkirche
im Hintergrund

GRÄFIN COSEL
Gräfin Cosel

AKADEMIE
SÄCHSISCHE
DAMPFSCHIFFAHRT

im 18. Jahrhundert ästhetische Maßstäbe gesetzt hatte, empfanden viele den Bau als eine Nummer zu groß.

An der Stadtseite des Walles, hinter Akademie und Ausstellungsgebäude des Kunstvereins, erinnert ein von Johannes Schilling geschaffenes Denkmal an den Architekten Gottfried Semper (1803-1870), der seit 1834 in Dresden gebaut und an der Akademie gelehrt hatte, bevor er, wie auch Richard Wagner, wegen seiner Teilnahme an den revolutionären Kämpfen Dresden 1849 verlassen musste. Der nach ihm benannte Opernbau (es ist die zweite Semper-Oper, die erste brannte 1869 ab) wurde zwar nach seinen Plänen errichtet, die Bauleitung übernahm jedoch sein Sohn Manfred Semper (1839-1913). - An dieser Stelle stand einst das brühlsche Sommertheater.

Vom Wall aus, wenige Meter vor der Ostseite des Akademiegebäudes, ist ein Blick in die Unterwelt der Brühlschen Terrasse möglich. 1998 wurde der westliche Kanonenhof der kleinen Bastion (aus der Zeit 1545-1555) freigelegt. Der Betrachter kann hier die gelungene Rekonstruktion der Wehranlage mit Kanonenständen, der an der Wand verlaufenden, Platz sparenden Treppe und des Wehrganges für die Schützen mit den Handfeuerwaffen ansehen.

Hinter dem Semper-Denkmal liegt seit 1891 eine Freitreppe, die den alten Arsenalplatz, den heutigen Georg-Treu-Platz, mit dem Wall verbindet. Wer die Treppe hinuntersteigt, erblickt einen Werbekorpus für den unter der Treppenanlage versteckten Eingang zur Renaisancefestung. Wenige Schritte hinter der schweren Metalltür steht der Besucher erstaunt in der Torhalle aus der Zeit zwischen 1545 und 1555. Brühl hatte diese Gewölbe zuschütten lassen. Sie waren im Laufe der Zeit allmählich von den meisten Stadtbewohnern vergessen worden. So galt das Freilegen der gut erhaltenen Festungsgewölbe in den Neunzigerjahren des 20. Jahrhunderts als Wiederentdeckung von längst verloren Geglaubtem: einem Festungs-

Treppenanlage vom Georg-Treu-Platz auf die Brühlsche Terrasse mit Blick auf das Semper-Denkmal

Torhalle

tor aus der Mitte des 16. Jahrhunderts, Gewölben aus der gleichen Zeit – einer ganzen Bastion, auf der die Menschen zwar spazieren gegangen waren, die sie aber nicht als Bastion wahrgenommen hatten, sie waren eben auf der »Brühlschen Terrasse« spaziert! Seit 1989 haben Heimatfreunde in ihrer Freizeit wirklich Schritt für Schritt die seit Jahrhunderten verschütteten Anlagen ausgegraben: Kasematten, Treppen, Aufenthaltsräume für die Wachmannschaften, Brunnen und Abortanlagen, Verbindungsschächte, das schöne Torgewölbe mit einer davor liegenden Festungsbrücke. 1991 schlossen sich die Ausgräber zum »Dresdner Verein Brühlsche Terrasse e.V.« (mit Sitz in der Piatta Forma) zusammen. Dem Verein gehören jetzt neben den Ausgräbern Historiker, Denkmalpfleger, Festungsfreunde aus ganz Europa und Mitglieder der Familie von Brühl an. Unterstützt wurde der Verein durch die Stadt und, nachdem 1992 der Freistaat wieder Eigentümer des Festungsgeländes geworden war, auch durch das Land. Heute finden im Festungsbereich regelmäßig Führungen statt, die Interessantes, Lustiges und Ernstes aus der Geschichte der Renaissancefestung Dresden vermitteln.

Kleiner Kanonenhof

Albertinum, ehem. kurfürstliches Zeughaus

Wenige Schritte vom Eingang zum Festungsbereich entfernt liegt das Albertinum, das umgebaute Zeughaus aus dem 16. Jahrhundert, dessen westliche Erdgeschosszone weitgehend original erhalten ist.

Ende des 19. Jahrhunderts kämpfte der Dresdner Kunsthistoriker Cornelius Gurlitt (1850–1938) um den Erhalt des dreihundertjährigen Zeughauses. Gerade im Nordosten der Stadt, dem alten Arsenalbereich, war bereits ein hoher Anteil an historischer Bausubstanz vernichtet worden. Durch den Auszug des Militärs 1877 in die Albertstadt im Dresdner Norden gab es leer stehende und vernachlässigte Häuser. Es war keine »gute Gegend« mehr. Gurlitt glaubte durch eine Rekonstruktion und neue Nutzung an eine Chance für den Erhalt des Zeughauses, dessen eigentlichen Wert er in seiner Innengestaltung sah. »Dergleichen Bauwerke kann man wohl zerstören, aber nie wieder herstellen«, zitiert Zumpe Gurlitt. Oberlandbaumeister Karl Adolf Canzler (1818–1902) erarbeitete ein Projekt, nach dem der Haupteingang nach Norden zur Wallseite verlegt wurde. Der Umbau erfolgte in den Jahren 1884 bis 1887. Canzler verkleidete den Baukörper, der bereits Mitte des 18. Jahrhunderts unter Fürstenhoff vergrößert worden war, jetzt im Stil der Neorenaissance und passte ihn dem starken Repräsentationsbedürfnis des ausgehenden 19. Jahrhunderts an. Die kostbare Innengestaltung entspricht dem Äußeren. Als das Haus 1887 fertig war, wurde es nach dem regierenden König Albert benannt. Nach Beseitigung der Bombenschäden 1945 beherbergt es heute wieder Teile der Staatlichen Kunstsammlungen, wie die Gemäldegalerie Neue Meister, die Skulpturensammlung die Abgusssammlung und einstweilen auch noch das »Grüne Gewölbe«, die Schatzkammer der Wettiner.

Wenn man vor dem Eingang zum Albertinum steht, blickt man auf den eigentlichen brühlschen Garten, die

Brühls Garten mit der Treppe zum Belvedere

Delphinbrunnen von Pierre Coudray

schöne Parkanlage auf der Jungfernbastion. An seiner Westseite liegt ein besonderes Schmuckstück, das die Augen der Besucher auch heute noch auf sich zieht, der Delphinbrunnen von Pierre Coudray (1713-1770). Ein Delphin, den ein Putto spielerisch umschlingt, speit Wasser in eine große Muschel. Das Bassin ist von einer halbkreisförmigen Stützmauer umgeben, die wieder ein zierliches schmiedeeisernes Gitter krönt. Das Vorgelände dieser Anlage liegt genau über dem zugeschütteten großen Kanonenhof der Ziegeltor-Bastion.

Oben, auf der leichten Aufschüttung der Bastion, stehen etwas verloren die beiden Sphinxe vom brühlschen Belvedere – als würden sie auf das fünfte Lusthaus warten. Das vierte Belvedere von Otto von Wolframsdorf stand bis zum 13. Februar 1945.

Ein kleines modernes Denkmal, ein Stuhl, eine Staffelei und ein Fenster, erinnern hier an den Maler Caspar David Friedrich (1774–1840), den Begründer der Dresdner romantischen Schule, mit der strengen Forderung: »Der Maler soll nicht bloß malen, was er vor sich sieht, sondern

Sphinx vom brühlschen Belvedere

Caspar-David-Friedrich-Denkmal

auch, was er in sich sieht. Sieht er also nichts in sich, so unterlasse er auch zu malen, was er vor sich sieht.«

Ganz am Ende des Gartens, an der Rampe hinter dem Zeughaus, steht das Hofgärtnerhaus mit seinen schönen, sozusagen bürgerlichen Proportionen. Zumpe vermutet als Baujahr 1753 und damit nicht mehr Knöffel als Bau-

meister. Nach der Zerstörung 1945 wurde es ab 1955 als nunmehriges Eigentum der evangelisch-reformierten Gemeinde von Heinrich Rettig fast unverändert wieder aufgebaut. - Um modernen Anforderungen bei der Nutzung des Gebäudes als kirchliches Altersheim zu entsprechen, wurde es 1999 von Werner Hösselbarth nochmals umge-

Blick von Norden auf das Hofgärtnerhaus

Folgende Doppelseite: Hofgärtnerhaus und Albertinum

ALBERTINUM

baut und durch einen wegen der neuen Nutzung notwendig gewordenen Anbau erweitert. Der unter dem Hofgärtnerhaus liegende und bisher von TU-Studenten beräumte und genutzte Kanonenhof in der Bastion Mars/Hasenberg wurde von Hösselbarth zu einem sehr beeindruckenden Kirchenraum, der Kanonenhofkirche, ausgebaut.

Das anschließende, ebenfalls der Gemeinde gehörende Tonnengewölbe wurde auch rekonstruiert und für gastronomische Zwecke nutzbar gemacht.

Die benachbarten Kasematten werden weiterhin vom Studentenklub »Bärenzwinger« genutzt. 1968 konnten Architekturstudenten der Technischen Universität nach vielen mühe- und lustvollen Arbeitseinsätzen die rechte Flanke der Venusbastion/Jungfer und 1986 die anschließenden Gewölbe der Bastion Mars/Hasenberg, Kasematte und Kanonenhof, für ihre Vorhaben als Klub eröffnen. 1998 mussten die Studenten die unter dem Hofgärtnerhaus liegenden Gewölbe an die evangelisch-reformierte Gemeinde abgeben.

Wenn man mit dem Rücken zu Studentenklub und Kanonenhofkirche steht, hat man die Senke des alten Festungsgrabens vor sich, der zwar mit der Elbe in Verbindung stand, allerdings durch ein Wehr, ein Batardeau, vom Fluss getrennt war. Bei der Abtragung der Festungswerke zu Beginn des 19. Jahrhunderts wurde dieser Grabenteil 1820 in einen königlichen Gondelhafen umgebaut, aber schon 1852 wieder zugeschüttet. Heute vermittelt der schöne alte Baumbestand an dieser Stelle den Eindruck von Ruhe und Abgeschiedenheit.

An der Ostseite dieses Areals baute Gottfried Semper zwischen 1838 und 1840 eine Synagoge für die jüdische Gemeinde Dresdens, die bis zu diesem Zeitpunkt ihre Gottesdienste in Privaträumen abgehalten hatte. In der so genannten Reichskristallnacht 1938 brannte auch diese Synagoge. Die Juden mussten die Reste ihres zerstörten Gotteshauses abtragen. Nachdem über Jahrzehnte nur

Großer Kanonenhof

Folgende Doppelseite:
Areal des ehem. Gondelhafens in der Morgensonne

Friedrich August
Hierher versetzt
und
abermals erneuert
1895

eine Stele hinter dem Hofgärtnerhaus an die Synagoge erinnert hatte, ist seit 1999 ein neues jüdisches Gotteshaus zusammen mit einem Gemeindezentrum auf dem alten Areal errichtet worden. (Architekturbüro Wandel-Hoefer-Lorch).

An der Spitze der Jungfernbastion befindet sich das Moritzmonument. Es ist die im Jahr 2000 angefertigte Kopie des ältesten Dresdner Denkmals (das Original wird restauriert und soll nicht mehr im Freien aufgestellt werden), das die Übergabe des Kurschwertes von dem sterbenden Kurfürsten Moritz an seinen Bruder August zeigt. Hinter den Fürsten stehen ihre Ehefrauen, hinter Moritz Agnes von Hessen, hinter August Anna von Dänemark. Das Monument ist bald nach 1553, dem Todesjahr von Moritz, entstanden, allerdings nicht vor 1555, dem Todesjahr von Agnes, die hier bereits mit der Totenbinde um das Kinn dargestellt ist.

Dieses schöne Renaissancedenkmal ist ein besinnlicher Abschluss des Spazierganges über die Terrasse des Grafen Brühl. Es weist gleichzeitig augenfällig darauf hin, dass die Geschichte Dresdens mehr umfasst als die viel zitierte glanzvolle Gesellschaft des 18. Jahrhunderts mit August dem Starken sowie dem Grafen Brühl.

Die Arbeit aller Generationen trug dazu bei, hier – wie einleitend zitiert – einen »der reizvollsten Lustörter« zu schaffen.

Moritzmonument

Folgende Doppelseite:
Brühlsche Terrasse bei Hochwasser

Zeittafel

Stadtgründung um 1170

1206 erste urkundliche Erwähnung Dresdens

1519–1529 Modernisierung der mittelalterlichen Stadtbefestigung durch steinverkleidete Erdwälle (Rempart) mit Basteien, dabei Einbeziehung der vorstädtischen Siedlung um die Frauenkirche

1545–1555 Bau der Bastionärbefestigung nach altitalienischer Manier mit acht Bastionen und einer Piatta Forma

1547–1556 Schlosserweiterung im Nordwesten der Stadt

1559–1563 Zeughausbau im Nordosten der Stadt

1569–1573 Erweiterung der Festungswerke im Nordwesten durch Rochus von Linar

1589–1592 Erweiterung der Festungswerke im Nordosten durch Paul Buchner. Bau eines Lusthauses, des ersten Belvederes, auf der Bastionsspitze

1709 Erfindung des europäischen Porzellans durch Johann Friedrich Böttger und Ehrenfried Walter von Tschirnhaus in den Kasematten der Jungfernbastion

1721 Umbenennung aller Bastionen durch August den Starken nach römischen Göttern, aus der Jungfer wurde Venus

1739–1748 Heinrich Graf Brühl erwirbt den gesamten Festungswall an der Elbe, einschließlich der Bastion Venus. Verschüttung der Festungsgewölbe für die Bebauung der Wallanlage

1814 Der nun »Brühlsche Terrasse« genannte Wall wird durch den Bau einer Freitreppe am Schlossplatz der Öffentlichkeit zugänglich gemacht

1884–1887 Umbau des frei gewordenen Zeughauses zum Galeriegebäude »Albertinum«

Ende des 19. Jh. Abriss fast aller Bauten Brühls und anschließende Neubebauung nach dem repräsentativen Geschmack der Zeit

1945 Nutzung verschiedener Gewölbe für Luftschutzzwecke, Vernichtung aller Gebäude bis auf die Außenmauern

1968 Eröffnung des Studentenklubs »Bärenzwinger« nach dem Ausbau der rechten Bastionsflanke der Venus und

1986 der anschließenden Gewölbe der Bastion Mars durch Studenten der TU Dresden
1991 Beräumung der beiden Kanonenhöfe der kleinen Bastion durch den Dresdner Verein Brühlsche Terrasse e.V.
1992 Freistaat Sachsen wird Eigentümer des Festungsgeländes, Ausbau der Gewölbe zur musealen Nutzung
1998 Freilegung des westlichen Kanonenhofes von der Terrasse aus
1999 Umbau der Gewölbe der Bastion Mars durch die evangelisch-reformierte Gemeinde, u.a. zur Kanonenhofkirche

Literatur

Czok, Karl: August der Starke und seine Zeit. Leipzig 1997

Dresden. Das Namenbuch der Straßen und Plätze im 26er Ring. Hrsg. vom Stadtmuseum Dresden. Halle/S. 1993

Dresdner Hefte 4/98, Heft 56, Sachsen im Dreißigjährigen Krieg. Speziell die Beiträge von Johannes Burkhardt: Der Dreißigjährige Krieg - Einfluß der sächsischen Politik auf die deutsche Geschichte, und Reiner Groß: Johann Georg I. und seine Residenz im Dreißigjährigen Krieg.

Elbflorenz. Italienische Präsenz in Dresden 16.-19. Jahrhundert. Hrsg. von Barbara Marx. Dresden 2001

Fellmann, Walter: Heinrich Graf Brühl. Leipzig 1989

Klemm, Gustav: Chronik der Königlich Sächsischen Residenzstadt Dresden. Dresden 1837

Lindau, Martin Bernhard: Geschichte der Königlichen Haupt- und Residenzstadt Dresden. Von den ältesten Zeiten bis zur Gegenwart. Dresden 1885

Löffler, Fritz: Bernardo Bellotto genannt Canaletto. Dresden im 18. Jahrhundert. Leipzig 1985

Löffler, Fritz: Das alte Dresden, 14. Aufl. Leipzig 1999

Papke, Eva: Festung Dresden. Aus der Geschichte der Dresdner Stadtbefestigung. Dresden 1997

Passavant, Günter: Wolf Caspar von Klengel, Dresden 1630 bis 1691. München/Berlin 2001

Weck, Antonius: Der Chur=Fürstlichen Sächsischen weitberuffenen Residentz= und Haupt=Vestung Dresden Beschreib: und Vorstellung. Nürnberg 1680

Weinart, Benjamin Gottfried: Topographische Geschichte der Stadt Dresden. Dresden 1777
Zumpe, Manfred: Die Brühlsche Terrasse in Dresden. Berlin 1991

Archivalien

Sächsisches Hauptstaatsarchiv:
Loc. 35 822/8, Dresdensche Vestung ... 1591
Loc. 4 451, Der Stadt Dreßden Festungs-Baw betr. 1635-1650
Loc. 14 599, Sammlung 1600-1640, III
Loc. 9 245, Stadt Dreßden betr. wegen außgelegten Kriegs Costen 1632-42
Loc. 9 241, Verpflegung der Soldaten ...
Loc. 9 835, Unterschieden Herrschaftliche Gebäude 1690-1696, 90, Fol. 2, Nr. 4/Regesten zur Dresdner Baugeschichte
Loc. 14 574, Den an der herrn General und Ober Stallmeister Grafen v. Brühls Excell. auf hiesiger Festung geschenckten Platz ... betr. 1747
Loc. 2 505, Acta Die Demolirung ... Ao 1763, Vol. I

Stadtarchiv Dresden:
Mandate G XXXV 26a, Bd. I, 1631-1642, Allerhand Churfl. Befehlige

Bildnachweis

Frank Höhler: Frontispiz, 56/57, 58, 59, 61, 64/65, 67, 68/69, 70, 72, 73, 74, 75, 76, 77, 78, 79, 80/81, 82, 84/85, 86, 88/89
Sächsische Landesbibliothek, Staats- und Universitätsbibliothek, Abt. Deutsche Fotothek: S. 6/7, 9, 10, 11, 13, 15, 16, 17, 18, 19, 20, 23, 25, 27, 28, 35, 37, 41, 42, 43, 45, 46, 51, 52, 53, 54, 55, 60, 62, 66
Staatliche Kunstsammlungen Dresden: Gemäldegalerie Alte Meister: S. 30, 31, 32, 36; Kupferstich-Kabinett: S. 33, 38

Was man wissen sollte

Adresse	Staatliche Schlösser und Gärten Dresden Geschäftsstelle Zwinger/Brühlsche Terrasse Zwinger/Theaterplatz, 01067 Dresden
Telefon	(03 51) 4 91 46 01
Fax	(03 51) 4 91 46 25
Internet	www.schloesser-dresden.de
E-mail	Cornelia.Franke@schloesser-dresden.de
Museen an der Brühlschen Terrasse	Museum Festung Dresden/Kasematten Eingang Georg-Treu-Platz, unterhalb des Semperdenkmals November bis März Einlass 10–16 Uhr April bis Oktober Einlass 10–17 Uhr 24. und 31. Dezember geschlossen, 1. Januar ab 13 Uhr Kontakt wie oben, Tel./Fax: (03 51) 4 91 47 86 Albertinum täglich 10–18 Uhr, donnerstags geschlossen Telefon: (03 51) 4 91 46 22 Fax: (03 51) 4 91 46 16 www.staatl.-kunstsammlungen-dresden.de
Anfahrt	Autobahn – alle Abfahrten Richtung Zentrum Deutsche Bahn – Hauptbahnhof Straßenbahn: Haltestelle Pirnaischer Platz, Synagoge, Theaterplatz
Veranstaltungen	siehe Veranstaltungskalender und Internet: www.schloesser-dresden.de
Fotografieren	Kommerzielle Aufnahmen sind gebührenpflichtig
Eintritt	Brühlsche Terrasse frei, Festung Dresden/Kasematten 2,00 €/3,10 €
Gastroservice/ Cafeteria	Cafe vis a vis, täglich von 11 bis 18 Uhr, im Sommer Terrassenbetrieb

Sachsen-Anhalt
14
Torgau
Leipzig
Riesa
Meiße
12
15
16
17
18
13
14
4
Freiberg
21
Meerane
Chemnitz
Crimmitschau
Glauchau
20
Freistaat
Thüringen
Zwickau
19
Aue
Plauen
72
Freistaat
Bayern

Staatliche Schlösser, Burgen und Gärten Sachsens
Stauffenbergallee 2, 01099 Dresden
Telefon (03 51) 8 27 46 32, Fax (03 51) 8 27 46 02
Internet: www.schloesser.sachsen.de

1 Dresdner Zwinger

2 Stallhof

3 Brühlsche Terrasse/Kasematten
Postanschrift für 1–3:
Staatliche Schlösser und Gärten Dresden
Brühlsche Terrasse/Zwinger/Stallhof
Zwinger/Theaterplatz, 01067 Dresden
Tel. (03 51) 4 91 46 01, Fax (03 51) 4 91 46 25
Internet: www.schloesser-dresden.de

4 Großer Garten
Staatliche Schlösser und Gärten Dresden
Großer Garten
Kavaliershaus G, Hauptallee 5, 01219 Dresden
Tel. (03 51) 4 45 66 00, Fax (03 51) 4 45 67 22
Internet: www.schloesser-dresden.de

5 Schloss und Park Pillnitz
Staatliche Schlösser und Gärten Dresden
Schloss Pillnitz
Fliederhof/Kapellenflügel, 01326 Dresden
Tel. (03 51) 2 61 32 60, Fax (03 51) 2 61 32 80
Internet: www.schloesser-dresden.de

6 Barockschloss Rammenau
Am Schloss 4, 01877 Rammenau
Tel. (0 35 94) 70 35 59, Fax (0 35 94) 70 59 83
Internet: www.barockschloss-rammenau.com

7 Burg Stolpen
Schlossstraße 10, 01833 Stolpen
Tel. (03 59 73) 2 34 10, Fax (03 59 73) 2 34 19
Internet: www.burg-stolpen.de

8 Festung Königstein
01824 Königstein
Tel. (03 50 21) 6 46 07, Fax (03 50 21) 6 46 09
Internet: www.festung-koenigstein.de

9 Barockgarten Großsedlitz
Parkstraße 85, 01809 Heidenau
Tel. (0 35 29) 5 63 90, Fax (0 35 29) 56 39 99
Internet: www.barockgarten-grosssedlitz.de

10 Schloss Weesenstein
Am Schlossberg 1, 01809 Müglitztal
Tel. (03 50 27) 6 26 29, Fax (03 50 27) 6 26 28
Internet: www.schloss-weesenstein.de

11 Schloss Moritzburg
01468 Moritzburg
Tel. (03 52 07) 87 30, Fax (03 52 07) 8 73 11
Internet: www.schloss-moritzburg.de

12 Albrechtsburg Meissen
Domplatz 1, 01662 Meißen
Tel. (0 35 21) 4 70 70, Fax (0 35 21) 47 07 11
Internet: www.albrechtsburg-meissen.de

13 Schloss Nossen
Internet: www.schloss-nossen.de

14 Klosterpark Altzella
01683 Nossen
Tel. (03 52 42) 5 04 30, Fax (03 52 42) 5 04 33
Internet: www.kloster-altzella.de

15 Burg Mildenstein
Burglehn 6, 04703 Leisnig
Tel. (03 43 21) 1 26 52, Fax (03 43 21) 5 15 37
Internet: www.burg-mildenstein.de

16 Burg Gnandstein
Burgstraße 3, 04655 Kohren-Sahlis
Tel. (03 43 44) 6 13 09, Fax (03 43 44) 6 13 83

17 Burg Kriebstein
09648 Kriebstein
Tel. (03 43 27) 95 20, Fax (03 43 27) 9 52 22
Internet: www.burg-kriebstein.de

18 Schloss Rochlitz
Sörnziger Weg 1, 09306 Rochlitz
Tel. (0 37 37) 49 23 10, Fax (0 37 37) 49 23 12
Internet: www.schloss-rochlitz.de

19 Burg Scharfenstein
Schlossberg 1, 09435 Scharfenstein
Tel. (0 37 25) 7 07 20, Fax (0 37 25) 70 72 50
Internet: www.burg-scharfenstein.de

20 Schloss Augustusburg
09573 Augustusburg
Tel. (03 72 91) 38 00, Fax (03 72 91) 3 80 24
Internet: www.augustusburg-schloss.de

21 Schloss und Park Lichtenwalde
Schlossallee 1, 09577 Lichtenwalde
Tel. (03 72 91) 3800, Fax (03 72 91) 3 80 24
Internet: www.augustusburg-schloss.de

Freistaat Sachsen